Gaby Shayana Hoffmann

Das kleine feine Buch der Elfen und Feen

Bezaubernde Botschaften
für mehr Licht und Liebe in unserem Herzen

Schirner Verlag

ISBN Printausgabe 978-3-8434-5117-8
ISBN E-Book 978-3-8434-6231-0

Gaby Shayana Hoffmann:
Das kleine feine Buch
der Elfen und Feen
Bezaubernde Botschaften für mehr
Licht und Liebe in unserem Herzen

Umschlag: Arne Gutowski, Schirner
Illustrationen: Gaby Shayana Hoffmann
Satz & Redaktion: Kerstin Noack, Schirner
Printed by: Ren Medien GmbH, Germany

www.schirner.com

2. Auflage Dezember 2015

Inhalt

Vorwort

Das Reich der Elfen und Feen, der Zwerge und der vielen anderen Naturwesen kennen wir alle aus unseren Kindertagen, aus den traumhaft schönen Märchen und Geschichten, die unsere Fantasie beflügelten und immer auch einen Hauch von Zauber in unserem Alltag hinterließen.

Doch was hat es mit dieser wundersamen Welt auf sich? Existiert sie wirklich? Und wer oder was sind diese Wesen?

Wenn du, liebe Leserin, lieber Leser, neugierig nach diesem Buch gegriffen hast, dann fühlst du in dir wahrscheinlich schon eine gewisse Anziehung zu dieser Welt.

So erging es mir auch immer. Seit ich ein kleines Kind war, faszinierten mich die unsichtbaren Welten um uns herum. Feinstoffliche Dimensionen der Wirklichkeit, die wir mit unserem bloßen Auge nicht sehen, aber doch wohl mit unseren innersten Sinnen erspüren und fühlen können. Ich merkte damals schon, dass mich Engel, Elfen, Feen und andere zauberhafte Wesen begleiteten. Als ich klein war, waren meine Sinne noch ganz offen und empfänglich für sie. Später gab es eine Phase, in der diese Welt weit entfernt schien – du wirst das kennen, denn es geht vielen von uns so. Es kam mir vor wie eine verblasste Erinnerung, von der ich mir nicht sicher war, ob sie nicht doch nur meiner Einbildung entsprungen war.

Ich wurde älter, lernte viel, und das Wissen, das meine Seele immer in sich trug, klopfte wieder stärker an meine inneren Türen. Also erlaubte ich mir, einige dieser inneren Tore wieder zu öffnen, und oh Wunder, da waren sie wieder, meine Freunde und Begleiter aus der Kindheit! Ich erfuhr, dass all dies nicht nur Fantasien waren, sondern einfach andere Wirklichkeiten, die neben unserer Realität bestehen und sich in ständiger Wechselwirkung mit uns befinden.

Diese anderen Wirklichkeiten, und vor allem die Wesen, die uns dabei ganz nah sind, möchte ich in meiner »Kleinen feinen Reihe«* zu Wort kommen lassen. Ich treffe mich dabei mit den Wesen dieser Welten zu interessanten Gesprächen, um herauszufinden, was sie uns gerne mitteilen möchten. Du hältst gerade das dritte Buch dieser Reihe in Händen. Mein Engel Ben und mein Drachenfreund DraMagan haben mir und euch in den vorangegangenen Büchern über die Engel und die Drachen schon sehr bewegende Geschichten vermittelt. Nun freue ich mich darauf, gemeinsam mit euch in die Welt der Elfen und Feen, in die Welt der Naturwesen, einzutauchen.

---

* Gaby Shayana Hoffmann: »Das kleine feine Buch der Engel« (2014), »Das kleine feine Buch der Drachen« (2014), erschienen im Schirner Verlag.

Nach den Engeln sind die Elfen und Feen im Grunde die Wesen, mit denen ich im Alltag am meisten kommuniziere. Das mag auf so manchen Außenstehenden wunderlich wirken, doch dabei stehe ich trotzdem mit beiden Beinen sicher auf der Erde, nur meine geistigen Antennen sind offen. Und ich kann jeden beruhigen, der Ähnliches wahrnimmt. Ihr seid nicht verrückt! Ihr seid nur auf Empfang, was feinstoffliche Welten anbelangt, so wie ein Radio auch auf unterschiedliche Frequenzen eingestellt werden kann!

Beim Lesen meiner oder auch anderer ähnlicher Bücher und Botschaften möchte ich dich auch noch einmal darauf hinweisen, selbst immer wieder in deinem Herzen nachzuspüren, was sich für DICH richtig anfühlt, denn es gibt viele Wahrnehmungen und nicht nur eine alleinige Wahrheit.

Also, was meinst du, wollen wir jetzt gemeinsam erkunden, welche Botschaften aus dem Reich der Natur auf uns warten?

Ich kann es kaum noch erwarten, komm, wir machen uns auf den Weg …

In Liebe

Shayana

Erste Kontaktaufnahme

In jenen Tagen, als ich mir vornehme, endlich mit diesem Buch zu beginnen, wache ich eines Morgens sehr früh auf. Ich muss eigentlich noch gar nicht aufstehen und kuschle mich noch einmal in mein Kissen. Du kennst diesen Zustand sicherlich, so ein Dämmerzustand zwischen Schlaf und Wachsein. Man bewegt sich zwischen den Welten, ist nicht mehr ganz in einem Traum, aber auch noch nicht so richtig in der »realen« Welt angelangt. An diesem besagten Morgen nun fühle ich etwas um mich herumschwirren. Mit zusammengekniffenen Augen blinzele ich ein wenig, sehe schemenhaft so etwas wie einen fliegenden Lichtpunkt und nehme ein winziges Stimmchen wahr:

»Heute ist es so weit – heute ist es so weit – aufwachen, Schlafmützchen – nun komm schon, meine Güte, dauert das lange, bis du aufwachst.«

Jemand patscht mit seinen kleinen Händen auf meine Nase, kitzelt mich mit einem Flügelschlag und zieht an meinen Haaren. Ich denke noch, was das denn nun schon wieder für ein lustiger Traum sei, als ich ein lautes Seufzen und ein »Haaaallooooohooooooo« vernehme, das mir jemand direkt in mein Ohr ruft.

Holla! Das ist nun aber doch eindeutig – und vor allem deutlich – hörbar. Es hallt ein bisschen nach, ich setze mich auf und kratze mich am Ohr. Was ist denn da gerade geschehen?

Aus den Augenwinkeln habe ich das Gefühl, ein Aufblitzen und Funkeln zu sehen, ich vernehme noch so etwas wie ein Kichern, und dann ist plötzlich alles wieder still. Als ich mit einem großen Fragezeichen nach innen lausche, fühle ich eine kleine Stimme:

»HEUTE fängst du mit unserem Elfenbuch an! Wir freuen uns auf dich!«

Aha! Daher weht also der Wind! So eine freche kleine Elfe! Aber gut, das bin ich ja schon gewohnt, da ich seit vielen Jahren ab und an mit ihnen zu Hause kommuniziere. Ich muss lachen. Na das kann ja lustig werden! Was da wohl auf mich wartet?

Das Tor zur Elfenwelt

Tja, wenn die Elfen meinen, dass heute DER Tag für den Anfang meines neuen Buches ist, dann werde ich dem natürlich nicht widersprechen.

Also sorge ich dafür, dass ich nicht gestört werde, atme tief durch, versenke mich in eine meditative Stimmung und suche meinen inneren Herzraum auf. Dieser Raum, den ich in meiner Vorstellung in meinem Herzen betrete, ist ein dehnbarer Raum, der mir als Startpunkt für meine Reisen in andere Welten dient. Viele Menschen nutzen solche Räume, es gibt aber auch andere Rituale, die dabei helfen, sich etwas vorzustellen, um sich auf innere Seelenreisen zu begeben. Alles ist möglich, solange man sich selbst damit wohlfühlt.

In meinem Herzraum befinden sich verschiedene sogenannte Dimensions-Portale, die mir helfen, in die jeweiligen Welten zu gelangen. Natürlich wäre es – besonders für die Welt der Elfen und Feen – eigentlich naheliegend, sich einfach in die Natur zu begeben und sich auf diese Weise mit dieser Welt zu verbinden. Auch dieser Weg ist absolut angemessen, und das hatte ich eigentlich auch vor. Doch man gibt mir zu verstehen, dass ich diesmal – wie schon letztes Mal bei den Drachen – ein Tor zur Kontaktaufnahme nutzen solle, ich würde dann schon sehen, warum.

Das macht mich natürlich neugierig!

Ich stehe nun also in meinem liebevoll strahlenden Herzraum und sehe mich um. Einige Tore, die ich bereits kenne, lasse ich für heute unbeachtet. Stattdessen bewege ich mich zielstrebig auf ein großes rundes Tor zu, das mich magisch anzieht. Es ist rundherum mit Efeu und vielen bunten Blumenranken bewachsen, ganz viele Schmetterlinge flattern zwischen der Welt auf meiner und der auf der anderen Seite des Tores hin und her. In meinem Bauch fühle ich einige der Schmetterlinge, ich spüre eine innere Aufgeregtheit – es ist doch immer wieder unglaublich spannend, sich einem solchen Abenteuer zu öffnen.

Fasziniert betrachte ich das Dimensionstor, das mich wohl ins Reich der Elfen und Feen führen wird. Ich vernehme auf einmal eine liebliche Melodie mit verlockendem Klang, die mich in die Welt jenseits des Tores einzuladen scheint. Ich lasse mich von der Melodie einfangen und summe leise mit, während die Schmetterlinge immer noch aus allen Richtungen zu kommen scheinen.

Sieh da, auf einmal taucht zwischen all den Schmetterlingen eine Elfe auf, zuerst habe ich sie gar nicht bemerkt, aber nun kommt sie schnell näher und fliegt ganz nah an das Tor, direkt vor mein Gesicht! Sie sieht mich ganz erstaunt mit großen hellblauen Augen an und beobachtet mich neugierig. Sie sieht ganz entzückend aus: Lilafarbene Haare wickeln sich auf beiden Seiten ihres Kopfes spiralförmig in die Höhe, ihre Flügel flattern aufgeregt und schimmern in den Farben Lila, Rosa und Hellgrün, ebenso wie ihr kurzes Kleidchen, und lange Strümpfe enden an ihren Füßen als spitze Schühchen.

Nachdem ich mich vom ersten Erstaunen erholt habe, winke ich ihr freundlich zu. Sie neigt den Kopf zur Seite, und auf einmal strahlt sie über das ganze Gesicht. Dann scheint sie jemand zu rufen, denn sie dreht sich um und spricht mit jemandem, den ich allerdings nicht sehen kann. Sie dreht sich wieder zu mir, kichert vor sich hin und gibt mir mit einem Winken zu verstehen, dass ich doch durch das Portal zu ihnen kommen solle!

Nun ja, bei solch einer Einladung lasse ich mich natürlich nicht lange bitten, ich nehme einen tiefen Atemzug und trete durch das Tor.

Zauberhafte Begegnungen und neue Erfahrungen

Normalerweise spüre ich, wenn ich durch ein solches Weltentor schreite, eine kurze energetische Welle und befinde mich dann beim nächsten Schritt bereits in der anderen Welt. Diesmal geschieht etwas anderes! Als ich meinen ersten Schritt mache, fühle ich keinen direkten Boden unter meinen Füßen, sondern spüre, wie ich auf so etwas wie einer Rutsche aus Stängeln und Blättern lande und ehe ich mich versehe bereits im Kreis hinunterrutsche. Ich werde immer schneller und habe kaum Zeit, die Umgebung genauer zu betrachten. Ich sehe nur unendlich viel Grün und bemerke, dass irgendetwas Eigenartiges mit mir geschieht. Die Rutsche wird während meiner Reise auf ihr scheinbar immer größer und breiter. Noch während ich mich darüber wundere, komme ich bereits an ihrem Ende an und lande mit einem Plumps auf meinem Allerwertesten – Hoppla!

Verdattert schaue ich an mir hinunter und sehe, dass mein Lichtkörper, mit dem ich mich in diesen Welten immer bewege – und der meinem physischen Körper normalerweise sehr ähnlich sieht – sich verändert hat. Ich habe auf einmal selbst so etwas wie ein Elfengewand an – lange Hosen und ein passendes Oberteil aus grünen und orangen Blättern, das kunstvoll zusammengeschnürt ist und mir perfekt passt. Ich stehe auf und schaue mich neugierig und, so gut es geht, von allen Seiten an. Das ist ja interessant! Plötzlich höre ich wieder das Kichern, das mir bereits heute Morgen im Bett entgegengeschallt hatte. Ich sehe mich um, und da ist sie wieder – die Elfe, die mich gerade noch durch das Tor hindurch betrachtet hatte. Sie fliegt zwischen zwei Bäume hindurch zu mir herüber, landet vor mir auf der Erde und schaut mich voller Freude an!

»Hey, hallo«, begrüße ich sie. »Ich bin Shayana, wer bist denn du?«

Eine liebliche Stimme schallt zu mir herüber:
»Aaaahhh, du hast es geschafft, es ist ja so schön, dass du hier bist!«

Die Elfe klatscht voller Freude in die Hände, hüpft dabei auf und ab und fügt hinzu:
»Ich bin´s doch, Willowy!«

Aha! Ich glaube, sie denkt, ich müsste sie kennen!
»Ich bin öfter bei dir zu Hause, auch wenn du mich da bisher immer nur durch einen Schleier wahrgenommen und mich noch nie richtig gesehen hast«, erklärt sie mir.

Aha, ja, okay, jetzt weiß ich, was sie damit meint! Sie rennt auf mich los und schüttelt mir begeistert die Hände. Sie scheint ganz stolz darauf zu sein, mich so begrüßen zu können, wie Menschen das normalerweise tun. Sie ist so liebenswert, dass ich sie einfach umarmen muss, und sie lässt es zum Glück geschehen. Eine leichte und liebevolle Energie schwingt zwischen uns. Als wir uns wieder loslassen, fällt mir auf, dass wir dieselbe Größe haben und dass die Natur, der Wald um uns herum, sehr viel größer ist, als ich ihn bisher wahrgenommen habe.

Ich schaue stirnrunzelnd umher, als mir Willowy plötzlich die Antwort auf meine nicht gestellte Frage gibt: »Du bist durch das ›Verwandel-mich‹-Tor gekommen! Darum solltest du dieses Tor benutzen. Durch die dahinterliegende Rutsche hast du direkt Elfengröße angenommen und auch gleich die passende Kleidung und was du hier sonst noch so benötigst bekommen!« Sie nickt dabei eifrig, sodass ihre lustigen Haare hin und her wippen.

»Wow, damit habe ich ja nun gar nicht gerechnet«, antworte ich ihr. »Das sieht ja alles ganz anders aus, aus dieser Perspektive.« Ich kann mich gar nicht sattsehen. Die Blumen, Sträucher, Blätter und Bäume, alles ist viel größer als gewohnt. Wir scheinen zwar nicht superklein zu sein, aber wenn ich eine Größe ausmachen müsste, die einem irdischen Maß gleichkäme, dann würde ich uns beide auf ca. 10–15 cm schätzen.

Willowy nimmt mich bei der Hand und führt mich herum.
»Schau dich ruhig erst einmal ein wenig um, das ist ja für dich alles neu.«

Ich bin wirklich fasziniert, denn ich merke nun, dass sich mir die Natur ganz anders präsentiert, als ich sie sonst wahrnehme. Alles hat eine viel intensivere Farbe, besonders das Grün der Blätter und Wiesen ist viel leuchtender. Und in allen Pflanzen kann ich eine fließende Energie erkennen, die sich im Innersten sanft hinauf- und herabbewegt. Es ist so eine feine Lichtenergie, die ganz natürlich allem zu entspringen scheint.

Und auf einmal, wie auf Kommando, sehe ich auch andere Naturwesen, die mich teils aus der Nähe, teils aus der Ferne neugierig beobachten. Der Wald ist unglaublich bevölkert!

»Die waren schon alle gespannt, wer da heute auftauchen würde«, schmunzelt Willowy.
»Es hatte sich natürlich schon herumgesprochen, dass du herkommen wolltest! Und ich habe die Aufgabe, dich heute herumzuführen und dir einiges zu zeigen. Ich beantworte dir gerne deine Fragen, ein paar Botschaften wirst du allerdings von Freunden von mir bekommen, die du später noch kennenlernen wirst.«

Ich schaue sie lächelnd an:
»Ich freue mich sehr, Willowy, und danke dir und euch, dass ich hier sein darf.«

Ich habe nun immer stärker das Gefühl, diesem zauberhaften Wesen heute nicht zum ersten Mal zu begegnen.

Wir laufen einen kleinen Pfad entlang, als wir plötzlich an einem jungen Baum vorbeikommen und ich eine kleine Elfe entdecke, die mit riesigen Augen hinter ihm hervorlugt. Als wir an ihr vorbei sind, drehe ich mich noch einmal zu ihr um und sehe, wie die Kleine sich dadurch ertappt fühlt. Vor Schreck stolpert sie über ihre eigenen Füßchen und purzelt ins Gebüsch. Das entlockt mir ein lautes Lachen.

»Loxy!«, ruft Willowy auf einmal mit strenger Stimme.
»Ich habe dich genau gesehen, du kleines, neugieriges Elfenmädchen!«

Willowy schaut mich an und verdreht die Augen:
»Immer diese Frischlinge! Damit meine ich die jungen Elfen, die noch in der Ausbildung sind. Loxy ist eine meiner Schützlinge und einfach die Neugierde in Elfenperson! Sie sieht heute zum ersten Mal einen Menschen, der unser Reich besucht, und wie ich gerade bemerke, kann sie sich einfach nicht von uns fernhalten.«

Willowy seufzt und fragt mich:
»Darf sie uns begleiten, wäre das für dich in Ordnung, ja? Wir werden sie sowieso nicht los!«

Sie schaut mit zusammengekniffenen Augen zu Loxy, die gerade versucht, mit Mühe und Not wieder aus dem Gebüsch zu klettern und dabei etwas Erde von ihrem Po abklopft. Ich amüsiere mich köstlich.

»Das ist doch überhaupt kein Problem, sie darf gerne mitkommen.« Ich drehe mich zu dem Frischling um, einer Elfe, die noch einmal ein paar Zentimeter kleiner ist als wir, und winke sie freundlich zu uns heran:
»Ich freue mich, dich kennenzulernen, Loxy, komm ruhig mit uns mit.«

Sie kommt etwas näher, und ich bin ganz entzückt, denn so etwas Niedliches habe ich bisher selten gesehen. Sie hat ein kindliches, sehr unschuldiges Gesichtchen mit ganz hellen blonden, langen Haaren und einem Blütenkranz auf ihrem Kopf. Große dunkelblaue Augen, die von Feenglitzer umrandet sind, schauen mich nun völlig erstaunt an. Sie blinzelt, und ich blinzle zurück, das findet sie furchtbar lustig und fängt an zu kichern. Ich streichle ihr liebevoll über die Haare, die sich unglaublich seidig und weich anfühlen, während Loxy meiner Hand mit nach oben gerichtetem Blick folgt. Als sie merkt, dass sich das gut anfühlt, macht sie dasselbe bei mir, landet dann aber mit ihrem kleinen Händchen in meinem Gesicht und befühlt mich mit großem Erstaunen.

»Looooxy, es reicht jetzt aber auch mal wieder«, höre ich Willowy stöhnen und kann mir vorstellen, dass ich es zwar jetzt ganz zauberhaft finde, mich mit Loxy zu beschäftigen, Willowy aber sicherlich auch ganz andere, anstrengendere Seiten der jungen Elfe kennt.

»Kommt«, meint Willowy.

»Wir müssen endlich los. Loxy, du darfst mitkommen, hältst dich aber bitte im Hintergrund, du bist heute mal nicht die Hauptperson!«

Dann dreht sie sich zu mir und positioniert mich so, dass ich mit dem Rücken vor ihr stehe.
»Warte mal, wir müssen noch kurz ...«, unterbricht sie unseren Aufbruch und nestelt mit ihren Händen an meinen Schulterblättern herum. Ich frage mich, was sie vorhat, da holt sie irgendetwas aus dem oberen Teil meines Rückens heraus und zieht daran!

»Was um Himmels willen machst du denn da?«, will ich erstaunt wissen.

»Na ich entfalte deine Flügel, was denn sonst? Wir können schließlich nicht überallhin laufen, dann sind wir ja in einer Woche noch unterwegs!«

Ich drehe mich mit einer raschen Bewegung zu ihr und erhasche dabei einen Blick auf zwei filigrane, grüngolden schimmernde Flügel, die mir aus dem Rücken ragen!

»Bitte? Ich habe Flügel?«, frage ich erschreckt.

»Natürlich!«, erklärt sie mir.
»Das gehörte zu der Transformation, die du durchlaufen hast, als du durch unser ›Verwandel-mich‹-Tor gekommen bist. Dabei wird das Äußere deines Lichtkörpers

dem der Elfenwelt angepasst, inklusive Kleidung und eben auch Flügeln. Das ist wichtig, damit du dich hier bequemer bewegen kannst.«

Loxy steht neben uns und nickt mir heftig zu. Willowy erklärt mir das Ganze so, als sei es das Natürlichste der Welt, was es für die beiden wohl auch ist. Doch ich hatte ja bisher keine Ahnung! Daher habe ich dann doch noch ein paar Fragen!

»Wie …«, beginne ich, werde aber gleich wieder unterbrochen.

»Später, Shayana, wir fliegen jetzt erst einmal an einen Ort, der sich für unser Gespräch etwas besser eignet. Außerdem liegt er dann auch gleich in der Nähe des Ortes, an dem wir später noch eingeladen sind!«

›Was für eine Einladung?‹, denke ich mir. Und anscheinend muss mir meine unausgesprochene Frage schon wieder im Gesicht stehen, denn Willowy erstickt sie im Keim: »Probier mal, mit deinen Flügeln zu schlagen, stell dir einfach vor, wie du dich nach oben bewegst!«

Ich versuche, das eigenartige Gefühl, auf einmal Flügel zu besitzen, außer Acht zu lassen, und schaue nach oben, und tatsächlich, ich spüre, wie meine Flügel langsam anfangen zu flattern, dann immer schneller werden und meine Füße vom Boden abheben!

Ganz langsam steige ich etwas nach oben, Willowy und Loxy fliegen neben mir und grinsen mich an.
»Gar nicht so schwer, oder?«, meint Willowy.

»Ja, und irgendwie beflügelnd«, lache ich. Ich hebe ein wenig vom Erdboden ab und fliege dann nach rechts und links, aber sehr behutsam, weil das Ganze so ungewohnt für mich ist. Gleichzeitig muss ich zugeben, dass mir diese Art der Fortbewegung ziemlich viel Spaß macht, man fühlt sich plötzlich so leicht und grenzenlos.

»Bitte nur nicht so schnell, ich muss mich ja erst einmal daran gewöhnen«, rufe ich Willowy zu, die schon vorne wegfliegt. Ich beeile mich hinterherzukommen. Loxy fliegt hinter mir, das beruhigt mich ein klein wenig, da ich mich wirklich noch nicht so sicher fühle.

Wir fliegen durch einen dichten Wald. Unterwegs begegnen uns einige Rehe, die jedoch deutlich größer aussehen, als ich sie bisher kannte. Sie schauen uns interessiert hinterher, woraus ich schließe, dass sie uns sehen können!

Ich bemühe mich, Willowys Tempo zu folgen, und bin froh, als wir den Wald hinter uns lassen und über eine wunderschön blühende Blumenwiese fliegen. Wie interessant es ist, das alles einmal aus dieser Perspektive zu sehen! Und dieses Leuchten, ich kann mich kaum sattsehen an all den Blumen, die hier in so vielen intensiven Farben blühen. In der Ferne sehe ich eine Gruppe von Elfen und Feen, die

sich wohl um einige Pflanzen kümmern, kann aber nicht erkennen, was da genau vor sich geht.

Und noch etwas sehe ich: einen wunderschönen großen, dicht beblätterten Baum, der fast alleine auf der großen Wiese steht. Er strahlt eine enorm kraftvolle Energie aus, die mich unglaublich fasziniert. Ich bemerke, dass wir auf ihn zuhalten, und freue mich, ihn gleich aus der Nähe betrachten zu können.

»Wir sind gleich da«, ruft mir Willowy zu und steuert geradewegs auf eine Gruppe größerer Wiesenblumen zu, die direkt zu Füßen des Baumes wachsen. Wir landen auf einer der vielen Blüten, und meine beiden begleitenden Elfen lassen sich von hier aus in die Blütenkelche rechts von mir (Willowy) und direkt über mir (Loxy) plumpsen. Ich tue es ihnen gleich und werde sogleich von einer Wolke aus Blütenstaub berieselt. Ich muss husten und wische mir den gelben Staub aus dem Gesicht. Willowy schmunzelt: »Du machst das fürs erste Mal richtig gut, an der Landung müssen wir noch ein wenig arbeiten, aber sonst war das schon prima!«

»Ich musste mich wirklich konzentrieren, dir zu folgen, aber es hat auch Spaß gemacht! Ich wusste allerdings gar nicht, wo ich zuerst hinschauen sollte, es gab einfach so viele interessante Sachen auf dem Weg hierher zu entdecken, unglaublich!«, erwidere ich.

Die Aufgaben der Naturwesen

Willowy rutscht auf ihrer Blüte etwas nach vorne, um näher bei mir zu sein und lässt ihre Füße hinunterbaumeln. Ich versuche dasselbe, bemerke aber, dass es eine doch eher wackelige Angelegenheit für eine so ungeübte »Elfe« wie mich ist, und bleibe lieber im Schneidersitz in der Mitte sitzen.

»Also gut, dann leg mal los mit deinen vielen Fragen«, ermuntert mich meine neue Freundin.

»Oh, ich weiß gar nicht, wo ich beginnen soll! Ich möchte natürlich alles darüber wissen, was es mit eurem Reich auf sich hat! Wer ihr überhaupt seid, was ihr den lieben langen Tag alles macht und noch so vieles mehr«, frage ich atemlos.

Willowy seufzt, schlägt ihre Beine übereinander und meint dann:
»Okay, ich versuche, dir in der kurzen Zeit, die wir heute zur Verfügung haben, einen allgemeinen Überblick zu geben und dir und deinen Lesern unsere Welt dabei so einfach und klar wie möglich zu erklären. Es würde im Grunde Jahre dauern, unsere Welt zu studieren, aber richten wir unseren Fokus auf das, was über uns zu wissen für euch Menschen wichtig und interessant ist.«

Wunderbar! Nun bin ich sehr gespannt und mache es mir bequem, während Willowy anfängt zu erzählen:

»Du befindest dich hier bei uns in der Welt der Naturwesen, manche nennen uns auch Naturgeistwesen. Das kommt daher, dass wir für die Menschen mit ihren weltlichen Sinnen nicht sichtbar sind und sie unsere Welt deshalb als eine ›geistige Welt‹ begreifen.

Im Grunde ist es so, dass neben der realen Welt, die ihr Menschen mit euren Augen wahrnehmen könnt, auf einer feinstofflichen Ebene noch andere Welten existieren. Ihr Menschen lebt in einer sehr grobstofflichen Welt, doch derselbe Raum des Lebens wird auch von feinstofflichen Welten und deren Bewohnern bevölkert. Das ist wie mit eurem Körper, der ist ja auch grobstofflich, entspricht also, wie man das nennt, einer dichten Schwingung. Ihr besteht aber natürlich nicht nur aus diesem Körper, sondern ihr habt ja auch eine Seele, einen lichten Körper, der in eurem Körper wohnt und diesen erst zum Leben erweckt. Alles Leben, ob nun Mensch, Tier, Pflanze oder Mineral, hat eine geistige Entsprechung, eine Seele oder ein Bewusstsein, das der Quelle allen Seins entspringt und von ihr mit dem göttlichen Licht ausgestattet wurde. Ohne dieses Licht gäbe es kein Leben«, dabei zeigt Willowy auf die Blüte neben uns, und ich sehe wieder dieses fließende Licht, das die ganze Blume durchströmt und in mir ein Gefühl der Verbundenheit aufflackern lässt.

Willowy erklärt weiter:
»Alles Leben hat dabei auch seine feinstofflichen Begleiter, so wie die Menschen zum Beispiel Engel oder andere lichtvolle Wesen haben, die sie begleiten, inspirieren und führen, so hat auch die Natur, die Tier- und die Pflanzenwelt, Wesen, die sich um ihre Belange kümmern.

Wir Naturwesen sorgen zum Beispiel dafür, dass die Energien des Lebens im Fluss sind und bleiben. Es gibt sehr viele von uns, alle mit unterschiedlichen Aufgaben. Ihr kennt uns als Elfen, Feen, Zwerge, Gnome, Kobolde und noch unter anderen Bezeichnungen. Es gibt aber auch viele weitere Wesen, die ihr noch nicht kennt, es gibt sehr viele unterschiedliche Völker in unserer Welt, ihr wärt mehr als erstaunt, wenn ihr alle sehen könntet! Daher würde es uns nicht gerecht werden und für euer Verständnis auch nicht ausreichend sein, wenn ich euch erzählen würde, dass Feen diese Aufgaben haben und Elfen jene, denn es gibt zwar einige wichtige Unterschiede zwischen uns, doch das, was uns eint, ist die Verbundenheit mit Mutter Erde und die Liebe zur Natur und unsere Aufgabe, darüber zu wachen, dass das Gleichgewicht erhalten bleibt.«

Ich nicke, denn ich kann mir vorstellen, dass unser menschlicher Verstand zwar gerne so etwas wie eine Auflistung darüber hätte, wer im Naturreich wofür zuständig ist, das aber wohl nur wenig der Wirklichkeit entsprechen würde. Also versuche ich, meine Vorstellungen loszulassen und zu horchen, was wir stattdessen lernen können.

»Dann habe ich es richtig verstanden, dass alle Pflanzen ihre Elfen – so nenne ich euch jetzt mal pauschal – haben, die sich um sie kümmern? Dieses Gefühl habe ich ja auch bei mir zu Hause, vom großen Baum bis zur kleinsten Pflanze, ich spüre, dass dort noch jemand mit dabei ist sozusagen. Wenn ich eine neue Pflanze mit in unser Zuhause bringe, sage ich auch immer, ich bringe eine neue Elfe mit, stimmt das so?«

Willowy schmunzelt:
»Ja, natürlich, das nimmst du genau richtig wahr, die Pflanzenelfen kümmern sich während ihrer ganzen Lebenszeit um ihre Schützlinge.«

»Habt ihr denn als Elfen mehrere Pflanzen, die ihr betreut, und wo kommt ihr her, wenn die Pflanze entsteht, und wo geht ihr hin, wenn sie vergeht?«, frage ich Willowy interessiert.

Willowy scheint kurz zu überlegen, dann erklärt sie mir:
»Dazu muss ich ein wenig ausholen, damit es für euch verständlich wird. Es gibt Naturwesen, die sich um ein größeres Gebiet von Pflanzen kümmern, sie sind dann manchmal zuständig für einen ganzen Wald, eine besondere Lichtung, eine spezielle Blumenwiese oder dergleichen. Diese Aufgabe haben sie sehr lange inne, und viele

dieser Feen und Elfen sind auch schon entsprechend alt.

Dann gibt es Naturwesen, die nur für eine bestimmte Pflanze zuständig sind, wie z.B. die Baumgeister, die normalerweise sehr lange einen einzelnen Baum betreuen, da diese ja sehr alt werden können. Oder eine einzelne kleine Pflanze in einem Blumentopf, den ihr zu Hause habt – dort gibt es auch nur ein einzelnes Naturwesen, das für die Pflanze Sorge trägt.

Manchmal stammen Pflanzen ursprünglich aus einem größeren Verbund – ob das nun ein größerer Rosenbusch ist oder auch das, was ihr Plantagen nennt und wo ihr extra viele Pflanzen züchtet. Hier kümmern sich zuerst mehrere Elfen um das gesamte Areal, wenn diese dann verkleinert und getrennt werden, bekommen neue Elfen die Aufgabe übertragen, sich um diese einzelnen Pflanzen zu kümmern. Es ist in jedem Falle so, dass alle Pflanzen von ihrer Entstehung an bis zur Auflösung ein Naturwesen bei sich haben, das sie hegt und pflegt.«

Ich bin fasziniert und höre aufmerksam zu. Als ich mich kurz umblicke, sehe ich diverse Elfen in unserer Nähe, die auf der Wiese umherfliegen. Sie scheinen sich um die Energie zu kümmern, die im Innersten der Pflanzen fließt, ich weiß nur nicht, was sie da eigentlich genau tun. Willowy hat meine Gedanken erraten und erklärt mir:

»Wir halten den Lebensstrom, sozusagen die Lebensenergie der Pflanzen, aufrecht, damit sie wachsen und gedeihen können. Bevor eine Pflanze Früchte trägt, sorgen wir dafür, dass die Befruchtung durch die Insekten gelingt und dafür, dass ihre Früchte prächtig wachsen und noch vieles mehr!«

»Was für eine wunderbare Aufgabe«, flüstere ich und schaue Willowy und die anderen Elfen, die gerade vorbeifliegen, dankbar an. Ein Lächeln zeichnet sich auf dem Gesicht meiner Elfenfreundin ab, als Loxy, die über uns auf einer Margerite sitzt, plötzlich heftig zu schaukeln beginnt und alles zum Wackeln bringt. Ich muss mich festhalten, damit ich nicht hinunterfalle! Ein lautes Glucksen ist zu hören. Ich glaube, da möchte jemand auf sich aufmerksam machen.

Willowy schüttelt den Kopf:
»Immer diese übermütigen Kinder!«

Man merkt ihr allerdings an, dass sie Loxy nicht böse ist, sondern sich wohl eher an eine Zeit zurückerinnert, in der sie selbst so ungestüm war.

Geburt und Tod in der Elfenwelt

»Da komme ich gleich noch mal zu meiner Frage: Werdet ihr denn geboren, und sterbt ihr wie wir Menschen? Oder wie funktioniert das bei euch?«

Willowy hebt den Zeigefinger und erklärt:
»Das ist nicht genau dasselbe, unsere Seelen suchen sich zuerst einmal eine Verkörperung als Elfe aus. Wir benötigen dafür keine Elfeneltern, allein unser Wunsch reicht aus, damit sich unser Körper im Lebensstrom der Natur, den ich dir nachher noch genauer zeigen werde, so lange formt, bis wir all das haben, was wir für unsere Aufgaben benötigen. Wir werden praktisch aus Energie geformt, der Quelle allen Lebens, das göttliche Licht formt unseren Elfenkörper, und dann sind wir sozusagen einfach da! Ist das nicht schön?«, Willowy klatscht voller Freude in die Hände.

»So ist das bei Feen und Elfen. Bei Zwergen wiederum, die feststofflicher sind als wir Elfen, ist es wieder anders, da diese auch in Familienverbänden leben mit Partnern und Kindern und dort auch geboren werden und wieder sterben, das ist dann ähnlich wie bei euch Menschen!«

Aha, denke ich mir, das ist ja wirklich eine Wissenschaft für sich.

»Und wenn eine Elfe geformt, also erschaffen wurde, was geschieht dann?«, frage ich und schaue zu Loxy hoch, die mit dem Blütenstaub spielt und inzwischen schon ganz schön viel Staub im Gesicht und auf den Händen hat.

»Tja, dann beginnt die Ausbildung der Frischlinge durch erfahrene Elfen, und zwar jeweils in dem Gebiet, für das sie erschaffen wurden. Die Elfen wechseln niemals ihren Zuständigkeitsbereich, sie lernen im Laufe ihres Lebens aber immer wieder dazu und können dann in ihrem Gebiet auch größere Aufgaben übernehmen.«

»Das ist ja aufschlussreich«, ich nicke und ermuntere Willowy auf diese Weise weiterzusprechen.
»Was ist denn eigentlich genau deine Aufgabe?«

»Ich habe mich von einer ursprünglichen Elfe für einzelne Pflanzen zu einer Lehrelfe entwickelt. Das bedeutet, dass ich andere, noch nicht so erfahrene Elfen anleite, ausbilde und unterstütze. Ich nutze absichtlich nicht die Bezeichnung ›überwachen‹, denn das würde bedeuten, dass wir Fehler bestrafen, was wir aber nicht tun. Wenn etwas noch nicht so optimal läuft wie vorgesehen, zeigen und erklären wir es den Frischlingen so lange, bis sie es praktisch im Schlaf können.

Loxy da oben ist wirklich noch ganz ›frisch‹ und erst seit Kurzem bei mir. Sie ist sehr begabt, allerdings auch noch sehr leicht abzulenken, wie man merkt!«, Willowy lacht.

Ich lache herzlich mit, denn es macht einfach Spaß, ihr beim Herumtoben zuzusehen. Willowy war anscheinend noch nicht ganz fertig mit ihrer Antwort auf meine letzte Frage und fügt hinzu:

»Wenn eine Elfe dann ausgebildet ist, bekommt sie eine Aufgabe zugeteilt, sprich eine besondere Pflanze, für die sie ab diesem Zeitpunkt allein zuständig ist. Wenn die Lebensenergie dieser Pflanze sich dann eines Tages wieder in den natürlichen Strom des Lebens zurückzieht, was ihr Tod nennen würdet, kehrt die Elfe an einen Ort zurück, der so etwas wie eine Elfenzentrale ist. Von dort aus bekommt sie neue Aufgaben. Ab einem bestimmten Zeitpunkt in ihrem Leben, wenn die Zeit reif ist, ihre aktuelle Verkörperung zu beenden, und sie von einer Aufgabe entbunden ist, lässt die Lebensenergie der Elfe nach, und sie begibt sich automatisch zurück in den Strom des Lebens, in die Einheit allen Seins. Dort wird sie von großer Dankbarkeit und Liebe empfangen, und ihre Seele darf sich ausruhen und sich weiterentwickeln, um später dann als Elfe mit einer anderen Aufgabe oder auch als ein anderes Wesen erneut zu inkarnieren. Genauso ist das auch mit Elfen oder Feen, die mit größeren Aufgaben betraut sind, sie haben zwar eine längere Lebenspanne als z. B. eine kleine Blumenelfe, aber auch sie gehen irgendwann, wenn die Zeit für sie reif ist, zurück in die Einheit allen Seins.«

»Das ist ja alles unglaublich spannend, ich habe mir bisher nie so genau Gedanken darüber gemacht, woher ihr kommt und wohin ihr geht, aber eigentlich, wenn ich es mir jetzt so vorstelle, fühlt es sich nach einem sehr natürlichen Kreis des Lebens an, so wie bei uns eigentlich«, erwidere ich auf Willowys Erklärungen.

»Ja, das ist es«, Willowy nickt zustimmend und fliegt plötzlich hinauf in die Baumkrone. Ich versuche, mich wieder daran zu erinnern, wie das noch mal mit dem Fliegen ging, und hebe tatsächlich ebenfalls ab. Wir landen gemeinsam auf einem Ast, von dem aus wir einen tollen Blick über die ganze Landschaft haben. Von hier oben sehe ich das Gewusel auf der Blumenwiese und um die vielen Büsche herum noch besser.

Loxy scheint sich richtig verausgabt zu haben, denn sie liegt nun eingekuschelt und schlafend in ihrem Blütenblatt. Man hört sogar ein kleines Schnarchen – wie süß!

Öffnet in Liebe euer Herz und euren Geist

»Gibt es eigentlich viele Menschen, die an euch glauben oder euch wahrnehmen? Können manche Menschen euch auch sehen – ich bin mir sicher, viele von uns würden euch gerne auch in unserer Welt wahrnehmen können!«, frage ich Willowy, die jetzt neben mir sitzt.

»Weißt du, es werden eigentlich immer mehr Menschen, die sich unserer Welt öffnen. Je mehr sie sich ihrer selbst bewusst werden und spüren, dass sie eben nicht nur ein physisches, sondern auch ein geistiges Wesen sind, desto mehr öffnen sie sich dieser Wirklichkeit.

Es ist ganz einfach: Je mehr ihr euch selbst kennenlernt, euren wahren Wert zu schätzen beginnt und je mehr Selbstbewusstsein ihr entwickelt, desto mehr öffnet ihr euch den Wundern aller Welten! Euer Herz öffnet sich dann immer mehr, und eure Aura dehnt sich aus und wächst, und dies wiederum aktiviert Sinne wie das Hellfühlen, Hellhören oder auch Hellsehen! Ein verschlossenes, ängstliches Herz kann uns nicht wahrnehmen, in keiner Weise! Doch ein liebendes Herz und ein offener Geist können dies!

Je mehr ihr eurer Wahrnehmung vertraut – und ja, auch fleißig übt –, desto leichter wird es euch fallen. Den Anfang macht ein verantwortungsvoller Umgang mit eurer Umwelt, mit Mutter Natur, dem Pflanzen-, aber auch dem Tierreich. Wenn ihr die Wunder der Natur nicht als selbstverständlich anseht, sondern euch wirklich mit ihnen verbindet und die Liebe dahinter spüren könnt, wenn ihr euch nicht getrennt von ihnen fühlt, sondern die Verbundenheit eure Herzen erreicht, dann werden die Schleier durchlässiger, und ihr zieht Wesen wie uns, die Elfen und Feen, und andere Naturwesen in euer Leben. Dann sind ganz wunderbare Begegnungen möglich. Je nach eurer inneren Entsprechung kann es dann sein, dass ihr uns sehen könnt, oder aber ihr hört und fühlt uns, was bei dir ja oft der Fall ist.«

Ich entsinne mich einer Begebenheit, die vielleicht zehn Jahre zurückliegt, und nicke. Damals gingen mein Partner und ich durch große Veränderungen in unserem Leben. Einige unserer Pflanzen hatten wir damals aus Platzmangel zu Freunden gegeben. Als wir dort wieder einmal zu Besuch waren und an zwei unserer großen Ficusbäume vorbeigingen, die wir unsere »Lebensbäume« nannten, weil sie schon sehr lange bei uns waren, konnten wir ganz klar ein »Nur Mut, ihr schafft das schon« hören. Das war eine der ersten bewussten Wahrnehmungen der Elfenenergie, die uns sehr berührt hat und die sich später noch weiterentwickeln sollte.

Kraft tanken bei unseren Baumfreunden und bei Mutter Erde

»Du kannst eine besonders intensive Verbindung zu den Bäumen fühlen, nicht wahr?«, fragt Willowy nach.

»Absolut, ich liebe Bäume, ich könnte sie stundenlang betrachten und zusehen, wie der Wind durch ihre Blätter rauscht. Das klingt für mich immer wie ein Flüstern oder ein Streicheln, wenn man ganz genau hineinspürt«, überlege ich.

»Da hast du nicht unrecht, der Wind bewegt nicht nur die Blätter, sondern trägt auch die Energien der Bäume weiter, die sensitive Wesen wie du dann spüren können. Es ist ein Zusammenspiel von Lebensenergien, das so viel mehr ist, als es auf den ersten Blick zu sein scheint.«

Willowy stutzt plötzlich und scheint kurz nach innen zu horchen:
»Ah, Moment, warte mal … ich höre gerade, dass der Geist dieses großen Baumes hier, sich sehr gerne mit dir verbinden möchte, hättest du Lust dazu?«

Oh, was für eine Frage:
»Natürlich, sehr, sehr gerne«, sage ich zu ihr, als meine Begleiterin mir auch schon zu verstehen gibt, dass ich ihr

folgen soll. Gemeinsam fliegen wir hinab zu den Wurzeln des Baumes, wo ich mich direkt vor den wirklich dicken Stamm begebe.

»Lehne dich einfach an seinen Stamm, und warte ab, was geschieht, ich lasse dich mal für einen Moment alleine«, sagt Willowy und fliegt auch schon davon.

Zärtlich berühre ich den wundervollen Baum. Auch hierbei habe ich das Gefühl, eine viel stärkere Energie wahrzunehmen, als ich es sonst aus meinem Alltag kenne. Einem Impuls folgend drehe ich mich mit dem Rücken zur Eiche und lehne mich an ihren Stamm. Ich schließe die Augen und lasse mich auf die Energie des Baumes ein. Ich bin gespannt, was geschehen wird!

Es dauert einen Moment, dann fühle ich, dass es in meinem Rücken immer wärmer wird und irgendwie anfängt zu kribbeln. Ich öffne mein Herz und lasse mich auf dieses Wesen, das hier mit mir kommunizieren möchte, ganz tief ein.

Plötzlich scheint es, als ob sich so etwas wie zwei große warme Hände auf meine Schultern legen und mich eine noch intensivere Energie durchströmt. Dann höre ich in meinem Innersten eine tiefe Stimme, die mir rät: »Atme mit mir gemeinsam, mit dem Puls des Lebens, tief ein und wieder aus. Fühle, wie aus deinen Füßen Wurzeln des Lichts zusammen mit meinen dicken

Wurzeln hinein in die Erde wachsen und sich ganz tief nach unten in das Herz von Mutter Erde graben. Atme immer weiter, und lasse mit jedem Atemzug das los, was dich in diesem Augenblick belastet, was es jetzt loszulassen gilt.«

Sofort nehme ich wahr, wie ich mich nach unten hin ausdehne, die Chakren (Energiewirbel) in meinen Füßen sich ganz öffnen und dicke Lichtwurzeln daraus sehr schnell in die Erde hineinwachsen. Mit jedem Zentimeter Richtung Erdmittelpunkt habe ich das Gefühl, unserem Heimatplaneten noch näher zu sein. Während ich atme, lasse ich schwere und schmerzhafte Gedanken und Gefühle, die mich noch vor Kurzem beschäftigten, los. Es fühlt sich befreiend und leicht an. Noch immer spüre ich die energetischen Hände des Baumgeistes auf meinen Schultern, leicht, warm und unglaublich stärkend.

Dann kehrt die Stimme zurück:
»Nun dehne dich von deinem Herzzentrum aus auch nach oben hin aus. Fühle, wie die Energie aus deinem Herzen hinauf in deinen Kopf fließt und von dort aus aus deinem Kronenchakra, dem Energietor auf deinem Scheitel, noch weiter hinaus und direkt in den Himmel und in den Kosmos fließt. Lasse deine Energie sich auch hier ganz weit nach oben verströmen, erneuere deine Verbindung zum kosmischen Bewusstsein.«

Ich fühle mich wie unter Strom, einem angenehmen, aber sehr intensiven Strom. Alles in mir vibriert und prickelt, ich fühle mich tief verbunden mit einem großen, unermesslichen Sein. Jede Zelle meines Körpers ist auf Empfang, und ein riesiger Strahl von etwas, ich kann es nur Liebe nennen, scheint in mich hineinzufließen, ich befinde mich in seiner Mitte, als ein Wesen, das Himmel und Erde verbindet.

»So ist es«, spricht das Baumwesen wieder zu mir.
»Du bist ein Wesen, das in sich kosmische wie irdische Elemente vereint. Das seid ihr alle, alle Menschen vereinen diese Energien in sich, auch wenn viele dies vergessen haben oder sich nicht zugestehen, diese Energien wahrzunehmen. Doch ihr könnt nicht negieren, was ihr seid, früher oder später drängt dieses Wissen an eure Oberfläche. Dann werdet ihr euch wundern, warum ihr euch so lange abgeschnitten und getrennt gefühlt habt, obwohl doch diese Verbundenheit, dieser Funken, der alles ins Fließen bringt, schon immer IN EUCH war!«

Mir kommen die Tränen, wenn ich daran denke, wie viele Menschen sich getrennt vom großen Ganzen fühlen.

»Kann sich jeder Mensch so mit Himmel und Erde verbinden wie ich jetzt gerade?«, frage ich ihn.

»Natürlich, und es ist auch wünschenswert und wichtig, dass ihr das immer wieder von Zeit zu Zeit tut. Viele von euch sind im alltäglichen Leben so gestresst und aus ihrer Seelenmitte geworfen, dabei gibt es einfache und sehr wirksame Mittel, um dem vorzubeugen oder einfach wieder aufzutanken. Alle Baumwesen stehen euch gerne zur Seite, um euch wieder mit dem Herzen von Mutter Natur zu verbinden. Dies verbindet euch wiederum automatisch mit eurem eigenen Herzen.

Sucht euch einen Baum in eurer Nähe aus, der euch im Herzen anspricht. Viele von euch haben sogar schon Lieblingsbäume. Jeder von euch kann uns aufsuchen. Nehmt euch Zeit, und verbindet euch mit uns. Bittet das Baumwesen darum, euch dabei zu unterstützen, euch wieder zu erden und eure inneren Antennen auch dem Kosmos zu öffnen. Ihr werdet dadurch neue Kraft tanken, die wichtig für euch ist. Und aus dem Kosmos werden ebenfalls viele positive Impulse kommen, die nur darauf warten, von euch wahrgenommen zu werden. Nennt es Inspiration oder kosmisches Wissen, Fakt ist, es stehen euch noch sehr viele faszinierende Momente in den nächsten Jahrzehnten bevor. Ihr steht im Augenblick immer noch am Anfang einer bewusstseinserweiternden Entwicklung.

Lasst eure Herzenswurzeln in die Erde und in den Kosmos wachsen, und schaut, wie ihr euch dabei fühlt und was ihr dabei alles lernen könnt. Wir Bäume sind eure Freunde und ein wichtiger Verbund von Wesen auf dieser Erde. Lauft durch eure Wälder und eure Parks, ihr werdet uns überall finden, auch wenn wir uns immer wieder aus manchen Gebieten zurückziehen müssen. Wir sind immer noch genügend zahlreich vorhanden, um euch das Gefühl von Verbundenheit mit der Natur zu vermitteln. Spielt doch einmal folgendes Spiel: Versucht, in jedem Baum, dem ihr begegnet oder den ihr seht, ein Wesen zu entdecken, das mit euch in Freundschaft verbunden ist. Wie könnt ihr euch bei diesem Anblick um euch herum jemals wieder einsam fühlen? Und wir sind dabei nur ein kleiner Teil von Freunden, die ganz in eurer Nähe sind! Wenn ihr mit eurem Herzen schaut, dann seid ihr eingebettet in ein Meer von Verbundenheit, ob das die Natur ist, die Tierwelt oder auch feinstoffliche Lebensbegleiter, wie z.B. Engel. Dies alles sind Wesen, die zu euren menschlichen Familien und Freunden hinzukommen!

Also bitte, fühlt euch niemals wieder einsam oder allein, denn das seid ihr nicht! Ihr wart es auch niemals. Wenn es euch schwerfällt, dies zu glauben, begebt euch tief in die Natur hinein und lasst euch eines Besseren belehren.«

Ich spüre, was dieses weise Baumwesen meint. Ich habe meine Hände unterdessen auf mein Herz gelegt und atme diese wunderbare verbindende Energie ganz tief in mich hinein. Ich fühle, wie sich die Hände des Wesens jetzt von meinen Schultern lösen. Ich drehe mich zu dem Baum um und kann schemenhaft ein Wesen in ihm erkennen. Weise, liebevolle und sehr gütige Augen blicken mir in die Seele, und ich habe das Gefühl, einfach geliebt und erkannt zu werden. Ich breite meine Arme aus, umarme den Baum und das Baumwesen und bedanke mich stumm für die Weisheit, die gerade mit mir geteilt wurde. Meine Umarmung wird auf der Herzebene erwidert, und nach einem Moment fühle ich, wie sich der Baumgeist langsam zurückzieht.

Ich trete ein paar Schritte zurück und verneige mich voller Demut. Der Baumgeist verschwindet nun wieder ganz im Inneren des Baumstamms. Ich sehe mich um und erblicke neben der Wiese viele weitere Bäume. Mit einem Lächeln sehe ich – Freunde. Als ich mich umdrehe und wieder in Richtung Wiese gehe, kommen mir Willowy und Loxy eilig Hand in Hand entgegengelaufen.

»Hui, wir haben euch beobachtet, war bestimmt schön, oder?«, meint Willowy mit leuchtenden Augen.

»Und wie! Ich fühle mich gerade so berührt und gestärkt und mit allem verbunden, das ist fantastisch«, erzähle ich den beiden.

»Super, dann komm, wir müssen uns jetzt wieder ein bisschen beeilen, Thomri wartet nicht gerne!«, ruft Willowy, während sie auch schon losfliegt und mich und Loxy an den Händen mit sich zieht. Hoppla!

Während wir über die Wiese sausen, frage ich verblüfft: »Thomri? Wer ist denn Thomri? Und wieso wartet er oder sie auf uns?«

Willowy dreht sich zu mir um und verrät mir: »Thomri hat dich und uns zu einem seiner äußerst beliebten Kräuterteenachmittage eingeladen. Er ist dafür allerorts geliebt und geschätzt, aber wir müssen ihm den Respekt erweisen, auch pünktlich zu sein, sonst wird's ungemütlich.«

Ich weiß zwar immer noch nicht, wer oder was Thomri eigentlich ist, aber es kann ja im Grunde nur spannend werden, also lasse ich mich vertrauensvoll mitziehen.

Thomri und die Kräuterteerunde

Wir setzen zu einer scharfen Rechtskurve an, die ich vermutlich ohne meine Elfenbegleiterin selbst nicht so gekonnt hinbekommen hätte, und landen kurze Zeit später vor einem etwas kleineren, knorrigen Baum.

Wir gehen um den Baum herum, und ich sehe, dass sich zwischen ein paar alten Wurzeln der Eingang zu so etwas wie einer Höhle befindet. Willowy winkt mich hinter sich her, und Loxy imitiert ihr Verhalten, nicht ohne eine sehr feierliche Miene aufzusetzen und mir mit dem Finger vor den Lippen zu verstehen zu geben, dass ich jetzt leise sein soll. Die Kleine ist in allem, was sie tut, so zauberhaft, dass ich mir insgeheim wünsche, sie mit nach Hause nehmen zu können. Was für ein kleiner frecher Schatz.

Leise folge ich den beiden, ducke mich am Eingang zur Höhle, um danach mit Erstaunen festzustellen, dass es nach ein paar Schritten abwärts auf einmal wieder heller wird und wir aufrecht gehen können. Wir laufen zwar ins Erdinnere hinein, aber ich sehe, dass von den Wänden ein warmes und angenehmes Licht ausgeht. Wir scheinen spiralförmig weiter ins Innere zu laufen, und ich höre Willowy auf einmal rufen:
»Thomri, Meister, wir sind dahaa! Ich habe Shayana … und äh … auch Loxy mitgebracht!«

Wir bleiben abrupt stehen, Loxy, die sich während der Wanderung nach unten hinter mich geschummelt und das Schlusslicht übernommen hat, stößt dabei gegen mich. Wir kichern beide, was uns ein Kopfschütteln von Willowy einbringt, die sich wahrscheinlich mal wieder über ihre Frischlinge wundert – wozu ich mich auch ein bisschen zähle, wenn ich mal ganz ehrlich bin.

Plötzlich höre ich ein Schlurfen und merke, dass sich uns jemand nähert. Dann sehe ich ihn: Thomri!

Wow – ein wahrlich imposanter Zwerg steht da vor uns, direkt wie aus einem (Märchen-)Buch entsprungen. Wie kann ein Zwerg imposant aussehen, fragst du dich vielleicht? Ich meine damit natürlich nicht seine Größe, aber man zollt ihm Respekt, er hat ein wirklich stattliches Aussehen und eine kraftvolle und weise Ausstrahlung!

Er ist nur etwas größer als ich. Und ich verstehe jetzt immer mehr, warum ich diese Größe annehmen musste. Wie um Himmels willen hätte ich denn dieser Einladung Folge leisten sollen in meiner normalen Lichtkörper-Menschengestalt?

Thomris Alter kann ich nur schwer schätzen, er scheint aber schon ein etwas älterer Zwerg zu sein. Seine Füße stecken in dicken Stiefeln, um den Körper trägt er ein langes warmes Gewand mit einem breiten, reich verzierten Gürtel um seinen wohlgenährten Bauch. Er hat wirklich lange, etwas zauselige braune Haare und einen ebenfalls recht langen Vollbart, der zu vier Zöpfen geflochten ist.

Nun höre ich ein Räuspern, und Thomri begrüßt uns mit seiner tiefen Stimme:
»Ah, da seid ihr ja endlich, ich hatte schon vor, einen Suchtrupp nach euch loszuschicken.«

Bei diesen Worten dreht er sich um, um uns weiter ins Innere seines Zuhauses zu führen. Ich bin mehr als erstaunt, als ich bemerke, wie großzügig diese Höhle und wie gemütlich alles trotzdem eingerichtet ist. Von irgendwoher scheint ein Lichtstrahl in den Raum, den wir gerade betreten. In der Mitte steht ein unglaublich kunstvoll geschnitzter, runder Holztisch mit etlichen Holzstühlen drumherum. In der Nähe ist eine kleine Feuerstelle, und ich sehe weitere Zwerge herumwuseln. Thomri bedeutet uns, uns hinzusetzen, woraufhin wir uns ein lauschiges Plätzchen in der Nähe des Feuers suchen. Rund um den Tisch sitzen schon einige andere Wesen, ein paar Elfen und auch Zwerge. Alle schauen uns neugierig an und nicken uns zur Begrüßung zu.

»Setz dich einfach hierhin«, meint Willowy, und wir klettern auf die Stühle, die ein kleines bisschen zu groß für uns sind.

Neben mir sitzt ein männlicher Elf, der mir freundlich zulächelt: »Hallo, ich bin Niamh.«

»Hi«, flüstere ich erfreut und bin sehr gespannt darauf, was ich hier alles erleben werde.

Es dauert nicht lange, da werden einfache Holzbecher und Teller vor uns hingestellt. Ich beobachte interessiert Thomri, der gerade eine Holzbox öffnet und eine Auswahl an Kräutern daraus entnimmt. Er kümmert sich gar liebevoll um die Kräuter, schüttet sie in ein kleines Säckchen und murmelt dabei etwas, was ich nicht verstehen kann. Als das Wasser in einem Kessel über dem Feuer die richtige Temperatur hat, die er einfach mit dem Finger kontrolliert, lässt er das Kräutersäckchen in den Kessel sinken und spricht so etwas wie eine Segnungsformel über dem Tee. Ich sehe einen funkelnden Lichtregen, der sich ebenfalls in den Tee ergießt, und dann nimmt Thomri den Kessel auch schon vom Feuer, um jedem von uns einen großen Schluck in den Becher zu füllen. Der Tee dampft und verströmt dabei einen unglaublich intensiven Duft, den ich nicht ganz einordnen kann. Er ist auf jeden Fall kräftig und scheint direkt durch meine Nase in meinen Kopf zu strömen.

Eine etwas kleinere Zwergenfrau legt uns nun reihum so etwas wie Kekse auf den Teller, sie sind noch warm und duften wunderbar nach Nüssen, Honig und einer weiteren Zutat, die mir unbekannt ist.

Ich kenne zwar niemanden der Anwesenden, fühle mich aber irgendwie geborgen und gut aufgehoben, einfach so richtig wohlig in dieser Gemeinschaft. Mit beiden Händen umfasse ich meinen Becher und schnuppere am Tee, hm, lecker!

Niemand spricht miteinander, alle scheinen darauf zu warten, dass Thomri und seine Frau, von der ich unterdessen einfach annehme, dass sie es ist, sich ebenfalls hinsetzen.

Thomri nimmt mir gegenüber Platz. Nachdem er sich mit einem Seufzer auf den Stuhl fallen lässt, schaut er mich erst einmal lange an.
»Soso, so ist das also. Na das ist doch mal interessant.«

Loxy versucht, ein Kichern zu unterdrücken, was ihr jedoch nicht so recht gelingt, und auch mein Mundwinkel zuckt verdächtig. Dass diese kleine Elfe auch so ein ansteckendes Lachen haben muss, Mannomann. Ich möchte mich hier auf keinen Fall unangemessen verhalten, also lächle ich Thomri einfach nur entschuldigend an.

»Schön, dass ihr meiner Einladung gefolgt seid, Freunde! Auf das Leben!«, prostet er mir zum Glück mit seinem Becher zu. Darauf scheinen alle gewartet zu haben, denn sie tun es ihm gleich. Dann nehmen alle, einschließlich mir, einen Schluck und lassen den einzigartigen Kräutertee genüsslich auf der Zunge zergehen. Er hat erstaunlicherweise die richtige Temperatur, sodass sich niemand die Zunge verbrennt. Im Gegenteil, es kitzelt und prickelt eher. Als ich ihn herunterschlucke, scheint es mir, als ob ich flüssiges Leben zu mir nehme, der Tee erfüllt mich vollkommen mit einer sehr belebenden Energie. Sehr interessant!

»Als ich hörte, dass du heute hierherkommen würdest, Shayana, um durch unsere wunderbare Miss Willowy mehr über unsere Welt zu erfahren, habe ich mir gleich gedacht, dass dies eine gute Möglichkeit für eine unserer kleinen Teerunden wäre. Unsere Familie …«, dabei deutet Thomri auf seine Frau und drei kindliche Zwerge, »… und unsere Freunde treffen sich immer mal wieder, um gemeinsam das Leben zu feiern und Erfahrungen auszutauschen. Sehr selten, so wie heute, haben wir auch Gäste. Du bist herzlich willkommen, fühle dich wie zu Hause, sei für diesen Moment unser Gast, und lerne von uns«, schließt er seine Eröffnungsrede.

Ich erhebe mich und verbeuge mich ein wenig:
»Ich fühle mich sehr geehrt, lieber Thomri, heute in dieser Runde als Gast anwesend sein zu dürfen und grüße euch alle von Herzen. Es ist mir wirklich eine besondere Freude«, ich schaue in die Runde und streife alle mit einem dankbaren Blick. Die anderen Anwesenden lächeln und nicken mir zu. Als ich mich wieder setze, gibt mir Thomri zu verstehen, dass ich mich an den Speisen erfreuen solle, und ich greife interessiert zu dem flachen Keks, der vor mir liegt. Ich schnuppere daran und beiße vorsichtig hinein. »Hmmm« entfährt es meinem Mund,

denn auch dieses Gebäck schmeckt richtig gut. Ich lege den angebissenen Keks wieder auf den Teller. Loxy greift indessen zu einem Töpfchen, fischt einen Löffel mit einer grünen Paste heraus und kleckst mir mit Anlauf eine große Portion davon auf meinen Keks. Sie grinst dabei von einem Ohr zum anderen und leckt sich selbst noch die Lippen, ich glaube das soll bedeuten, dass dies eine besondere Leckerei ist.

Ich betrachte die Paste genauer, die anscheinend aus verschiedenen gemahlenen Pflanzen besteht und aus der wieder so etwas wie tanzende Lichtfunken aufsteigen. Oh! Noch eine neue Erfahrung! Ich zwinkere Loxy zu, die ganz gespannt darauf wartet, dass ich probiere, und stecke mir nun den ganzen restlichen Keks auf einmal in den Mund. Dann reiße ich meine Augen weit auf, denn auf meiner Zunge zeigt sich eine wahre, süße Geschmacksexplosion. Ich habe selten so etwas Köstliches probiert und bin ganz hin und weg. Loxy kann sich vor Lachen kaum halten und purzelt mal wieder herunter – diesmal von ihrem Stuhl. Auch Willowy und Niamh lachen herzlich mit – was für ein fröhlicher, alberner Haufen von Elfen wir doch sind, herrlich!

Ich schaue zu Thomri, der die Szenerie mit wachen Augen beobachtet und sich nun erhebt, um zu mir herumzukommen. Er klopft Niamh auf die Schulter, als Aufforderung, mit ihm den Stuhl zu wechseln.

»Also gut, meine Liebe, es scheint dir bei uns zu gefallen, sehe ich das richtig?«
Ich fühle mich ein wenig eingeschüchtert, als Thomri so nah bei mir sitzt, gleichzeitig bin ich ihm sehr dankbar:
»Und wie, es ist so interessant, all dies hier zu sehen und mitzuerleben, ich bin mir bewusst, dass dies nicht jeden Tag geschieht, umso mehr berührt es mich.«

»Na das freut mich«, Thomri nickt und tätschelt mir dabei väterlich die Hand.
»Wir sind dabei ja nicht ganz uneigennützig, denn dein Besuch hier ist, wie du weißt, nicht nur zu deinem Privatvergnügen gedacht, sondern zieht seine Bahnen zu vielen anderen Menschen, die dich bei deinen Reisen im Herzen begleiten.«

»Dessen bin ich mir bewusst«, meine ich mit aufrichtiger Miene.
»Ich weiß, dass damit auch eine große Verantwortung einhergeht. Gibt es etwas Besonderes, das du mir und uns allen, die jetzt im Geiste hier mit dabei sind, mitgeben möchtest?«

Thomri atmet tief durch, und während er sich seinen Bart reibt und seinen Blick etwas in die Ferne schweifen lässt, fängt er an zu erzählen:
»Ihr Menschen müsst endlich lernen, wieder mehr Respekt vor der Erde, vor Mutter Natur zu haben. Ihr seid

nicht alleine auf diesem Planeten, sondern teilt euren Lebensraum mit dem Tier- und dem Pflanzenreich, und das ist NUR der Teil, den ihr auch sehen könnt. Es ist von großer Wichtigkeit, dass immer mehr Menschen lernen, die Natur und ihre Geschenke nicht weiter auszubeuten und wie selbstverständlich zu konsumieren, und dass ihr euch bewusst auf eine Partnerschaft mit der Erde und den Geschöpfen darauf einlasst. Wenn ihr aus dem Hamsterrad des Verstandes heraustretet und wieder anfangt, auf euer Herz zu hören, wird sich euch eine vollkommen andere Welt präsentieren. Eine Welt, die ihr bisher kaum wahrzunehmen bereit wart. Dann werdet ihr euch fragen, wie ihr jemals so habt leben können.

Viele Menschen haben verlernt, was es bedeutet, ein natürliches Leben zu führen. Euer Fokus liegt fast immer auf dem Außen, und ihr hört und seht nicht mehr, welche Wahrheiten eigentlich aus eurem eigenen Inneren hervorbrechen möchten.«

Thomri sieht mich eindringlich an und hält dabei noch immer meine Hand. Es kommt mir vor, als wolle er diese Worte ganz tief »in mich hineinpflanzen«.

»Wenn ihr anfangt, wieder in eure eigene Mitte zurückzukehren – was euch sehr gut gelingen kann, wenn ihr euch ins Herz der Natur begebt –, dann seid ihr imstande, die Lebensenergie, die allem innewohnt, zu verstärken und wieder zu ihrer wahren Blüte zu führen.

Die Menschheit ist unzufrieden, gestresst und hat sich von der Natur abgewandt. Jegliche Dankbarkeit ist einer hohlen Gier gewichen. Immer mehr und immer weiter, jedoch ohne Inhalt und ohne Wert. Hört den Ruf der Natur! Sie und wir rufen euch! Könnt ihr uns denn nicht hören?«

Mir steigen bei dieser Eindringlichkeit die Tränen in die Augen, denn ich fühle genau, was er meint.

»Ihr könnt das Pochen der Erde doch in euren Herzen fühlen, hört nicht weg! JETZT ist die Zeit, um sich zu entscheiden! Entscheidet euch dafür, gemeinsam mit der Erde zu wirken, und seht sie nicht als euren Gegner an! Ihr wundert euch, dass es so viele sogenannte Naturkatastrophen gibt? Wisst ihr denn nicht, dass ihr in Wechselwirkung mit eurem Planeten, einem lebenden Wesen, existiert und all diese Phänomene nichts anderes als die Manifestationen eurer eigenen Gefühle sind? Dies ist es, was ihr unter anderem kollektiv erschafft. Ihr seid mit der Erde tief verbunden und niemals von ihr getrennt!

Kehrt zurück zum Herzen der Natur, und alles wird sich fügen. Verbindet euch mit Mutter Erde, sucht die Nähe der Natur, die nur darauf wartet, euch wieder in ihre mütterlichen Arme zu schließen. Wenn ihr diese Liebe erneuert, wird euch wieder bewusst werden, wer und wo ihr seid. Dann werdet ihr endlich wieder achtsam und dankbar mit den Geschenken umgehen, die zuhauf für euch wachsen und gedeihen.«

Um uns herum ist es still geworden, die anderen Gespräche sind nach und nach verstummt, alle lauschen nur noch Thomri. In Angesicht dieser wichtigen Botschaft ist alles andere unwichtig geworden.

Ich rutsche von meinem Stuhl und umarme Thomri. Ich weiß nicht, ob das bei den Zwergen angemessen ist, aber ich mache es einfach, weil mir dringend danach ist. Er erwidert meine Umarmung und schnaubt zustimmend in seinen Bart. Ich mag seine väterliche und erdige Energie. Man fühlt sich in seiner Gegenwart einfach wohl und sicher.

Wir lösen uns wieder voneinander und er räuspert sich: »Ich will euch auch noch etwas Zusätzliches, sehr Wichtiges mitgeben. Einen Rat, den jeder in seinem Alltag umsetzen kann, um sich selbst mehr Gesundheit und der Erde mehr Wertschätzung zu schenken.«

Nutzt euren Herzensgötterfunken

»Euch Menschen ist bereits aufgefallen, dass viele natürliche Lebensmittel, die ihr zu euch nehmt, nicht mehr die Vitalstoffe in sich tragen, die ursprünglich in ihnen angelegt sind. Dies hat selbstverständlich damit zu tun, dass die Menschheit nicht mehr im Einklang mit der Erde arbeitet, sondern sie, wo es nur geht, ausbeutet, um immer mehr und mehr Ertrag zu produzieren. Dies geschieht natürlich auf Kosten der Qualität. Allerdings trägt jedes Lebensmittel, jedes Lebewesen und jede Schöpfung einen lichtvollen göttlichen Lebensfunken in sich, der nie getötet werden kann. Lebensenergie kann nur geschwächt, doch nie zerstört werden.

Wisset, dass ihr dadurch, dass ihr Schöpfer seid, mit diesem Lebensfunken in Kontakt treten könnt. Ihr könnt alles um euch herum mit der Kraft und dem Licht, die in euch sind, berühren und verändern. Wo einst Energie entzogen wurde, kann Energie auch wieder zugeführt werden. Dies geschieht mit der Kraft in euren Herzen, mit der Kraft der Segnung. Wenn ihr also eure Nahrung – und damit meine ich insbesondere die natürliche Nahrung, die ihr zu euch nehmen möchtet – segnet, bevor ihr sie esst, könnt ihr die Lebensenergie darin verstärken.

Bevor ihr zu essen beginnt, öffnet euer Herz, und fühlt den göttlichen Funken darin. Lasst ihn sich in Dankbarkeit und

Wertschätzung ausdehnen, bis er zu einem funkelnden großen Licht wird. Lasst dieses Licht nun in eure Lebensmittel fließen. Lasst euren Götterfunken jenen in eurer Nahrung finden, und seht, was dann geschieht!

Der Lebensfunke in eurer Nahrung wird dadurch wiedererweckt, er fängt an zu wachsen und breitet sich durch eure Wertschätzung immer weiter aus, bis eure Nahrung energetisch wieder aufgewertet ist und euch mehr wichtige Vitalstoffe zuführen kann.«

Während Thomri mir das alles erklärt, sehe ich, wie Willowy mir zeitgleich zeigt, wie das Ganze wirklich funktioniert. Sie demonstriert das, was uns Thomri beschreibt, an einem Apfel, der vor uns liegt. Obwohl dieser sicherlich noch deutlich mehr Lebensenergie in sich birgt als das Obst, das wir bei uns im Supermarkt kaufen. Ich finde das absolut faszinierend.

»Das ist ja im Grunde gar nicht schwer und hat trotzdem so eine unglaubliche Wirkung?«, staune ich.

»So ist es«, nickt mir Thomri zu. »Wenn ihr es ein paar Mal ausprobiert habt, werdet ihr es immer wieder tun wollen. Mal davon abgesehen, dass es einfach Spaß macht, wird euch dabei jedes Mal aufs Neue etwas mehr bewusst werden, welche grandiose Schöpfer ihr in Wirklichkeit seid. Zudem geht es auch noch sehr schnell und leicht. Wenn ihr es nicht möchtet, müsst ihr davon auch niemandem erzählen und es stattdessen einfach heimlich, still und leise tun. Ich hoffe aber natürlich, dass ihr dieses Wissen bis in jeden Winkel eurer Welt weitertragt«, sagt er und zwinkert mir verschwörerisch zu.

»Seid euch allerdings bewusst, dass dies nur eine Lösung für diese aktuelle Zeit sein kann. Eines Tages, wenn ihr wieder wertschätzend und respektvoll mit den Geschenken von Mutter Erde umgeht, wird alles, was ihr zu euch nehmt, von lebendiger Energie nur so strotzen!«, setzt er noch nach.

»Ja, natürlich«, pflichte ich ihm bei.

»Das könnt ihr übrigens nicht nur mit eurer Nahrung machen, sondern ihr könnt auch die Natur um euch herum damit beschenken. Jede Lebensenergie ist darauf angelegt, sich zu verbinden und zu wachsen. Lauscht eurer Intuition, die euch sagen wird, wo es angemessen ist und wo eher nicht. Ihr könnt Bäume, Pflanzen und sogar Gewässer damit heilen und stärken. Das ist im Grunde ja die Aufgabe von uns Naturwesen. Wir stärken und lenken die Lebensenergie in unseren Schützlingen! Daher werden, wenn ihr die Natur mit eurem Licht beschenkt, wir Naturwesen dies mitbekommen und dann gemeinsam mit euch unser Licht leuchten lassen. Dann wirken wir im Verbund, und unsere Kräfte werden noch stärker. Auch mit Tieren oder Menschen könnt ihr dies tun, wenn das jeweilige Wesen dafür offen ist! Ihr könnt und solltet jedoch niemandem etwas aufdrängen, auch wenn ihr ein Wesen mit diesem Licht unterstützen könnt. Lasst nur eure Herzensenergie fließen, stellt euer Licht bedingungslos zur Verfügung – das jeweilige Tier oder der Mensch wird, wenn er es möchte, die Energie zum Wachstum, zur Heilung oder einfach zur Inspiration nutzen. Es liegt dann an ihm, was geschieht.

Ihr werdet so zu einem Leuchtfeuer. Wenn ihr möchtet, ohne jemals einen Ton darüber zu verlieren. Seid einfach Schöpfer, seid einfach nur Liebe in Aktion. Dann berührt ihr mit eurem Licht die Welt, und das ist unter anderem ein wichtiger Grund, warum ihr überhaupt hier seid.«

Es ist mal wieder so weit: Ich sitze da, und die Tränen rinnen mir über die Wangen. Ich weiß, ich bin eine kleine Heulsuse, aber so bin ich eben. Ich finde keine Worte, nur Dankbarkeit und Freude. Ich drücke Thomris dicke, kräftige Hand noch einmal, während er aufsteht, mir noch einmal über den Rücken streicht und sagt:
»Ihr werdet das schon machen, nur, fangt endlich damit an, darauf zu hören, was die Natur euch zuruft, und hört vor allem auf euer Herz.«

Dann schlurft er wieder zur Feuerstelle, um eine weitere Ladung Tee aufzubrühen. Willowy holt ein weiches Blatt aus ihrem Kleid und trocknet mir damit ganz vorsichtig die Tränen:
»Es ist ja alles gut, Liebes.«

Ich lächle ihr zu und bedanke mich:
»Es geht schon wieder, Thomri hat halt nur so eine überwältigende Art, das hat mich einfach umgehauen.«

»Ja«, stimmt mir Willowy zu. »Er ist hier auch der Zwergenälteste, und er erinnert und inspiriert uns alle immer wieder. Die Teerunden sind immer etwas Besonderes, und ich finde es schön, dass du heute mit dabei warst.«

Ich habe mir unterdessen noch einen Becher Tee und einen Keks mit grüner Paste genommen – wann werde ich schon noch einmal die Gelegenheit bekommen, so etwas Wunderbares zu kosten. Während ich mir den letzten Krümel aus dem Mundwinkel lecke, beobachte ich den illustren Haufen, der hier beisammensitzt und die Köpfe zusammensteckt. Ob nun Zwerge oder Elfen oder andere Wesen, die ich bisher noch nie gesehen habe, alle verstehen sich prächtig und unterhalten sich angeregt.

Willowy gibt mir zu verstehen, dass wir nun weiterziehen:
»Shayana, es gibt noch einen Ort, den wir dir gerne zeigen möchten. Niamh wird uns zur letzten Station unserer Reise begleiten.«

Niamh, der Elf, lächelt mich herzlich an und hilft mir galant vom Stuhl. Ich verabschiede mich von den anderen und gehe dann noch einmal zu Thomri und seiner Familie. Ich schüttle seiner Frau, einer ganz entzückenden Zwergenfrau, die Hände und winke den Kindern zu, die mich mit offenen Mündern bestaunen. Ich denke, dass hier wohl nicht oft als Elfen verkleidete Menschen zu Gast sind.

Thomri steht am Eingang der Höhle, hat die Hände in die Hüften gestemmt und nickt einvernehmlich:
»Erinnere dich an meine Worte, und erzähle den Menschen, dass es noch viel mehr gibt, was sie zwar nicht sehen, jedoch erspüren können. Wer sich dafür entscheidet, erinnert sich. Er erinnert sich daran, wer er wirklich ist, und dann erkennt er auch das, was ihn umgibt. Dann lüften sich die Schleier!«

Er streicht mir über die Haare, gibt mir zwei dicke Küsse auf beide Wangen und schenkt mir ein schiefes Lächeln. Ich strahle ihn an:
»Ich werde deine Botschaft weitergeben, das verspreche ich! Sie wird die Menschen erreichen, die dafür offen sind, und ich wünsche mir, dass es mit der Zeit immer mehr Menschen sein werden, die deine und eure Botschaften vernehmen. Hab großen Dank dafür, dass wir hier sein durften, ich werde euch und das, was ich hier erfahren habe, in besonderer Erinnerung behalten.«

Während ich das sage, verneige ich mich und folge danach Willowy und Niamh, die vorausgehen. Ich nehme Loxy an die Hand, weil sie wieder das Schlusslicht ist und ich nicht möchte, dass sie auf einmal eine andere Abzweigung in den Tunneln nimmt als wir. Man weiß ja nie bei ihr …

Elfenhafte Unterstützung für die Tierwelt

Endlich wieder draußen angekommen, sehe ich, dass sich ganz in der Nähe des Baumes, dessen Untergrund wir gerade entstiegen sind, ein paar Wildkaninchen zum Grasen niedergelassen haben. Und, oh mein Gott, es sind Riesenkaninchen! Da fällt mir wieder ein, dass ich ja deutlich kleiner bin als gewohnt, und ich atme auf. Für mich ist es überwältigend, sie so groß und von so nah beobachten zu können.

Niamh fliegt unterdessen zu den Kaninchen hin. Sie schauen kurz auf, fressen dann jedoch unbekümmert weiter. Willowy flüstert mir zu:
»Niamh hat die Aufgabe, sich um Wildtiere zu kümmern, er ist insbesondere für die Kaninchen zuständig.«

»Ach, das macht ihr auch?«, frage ich erstaunt.

»Ja, natürlich, wir unterstützen sie in ihrem täglichen Leben: Wir helfen ihnen, wenn ihre Körperenergien mal nicht im Gleichgewicht sind oder wir zeigen ihnen besonders geeignete Futterstellen, wir sind auch bei Geburt und Tod der Tiere zugegen und helfen beim Übergang. Es gibt auch Engel, die sich zusätzlich darum kümmern, das geht alles Hand in Hand, jeder hat seine besonderen Fähigkeiten und setzt diese ein.«

Ich beobachte Niamh dabei, wie er um die Kaninchen herumfliegt und dabei etwas, was ich als feinstoffliche graue Energiestränge bezeichnen würde, aus einem Kaninchenkörper zieht und die Energien dann in die Luft schleudert, wo sie sich zuerst in Feenstaub verwandeln und danach auflösen. Im Anschluss lässt er aus seinen Händen neue lichte Energie fließen, die er dem Kaninchen zuführt. Es schüttelt sich kurz und frisst dann ungerührt weiter. Etwas Ähnliches macht er auch bei einem kleineren Kaninchen, dann streichelt er ihm über die langen Ohren und kommt mit einem Lächeln wieder zu uns geflogen.

»Was hast du denn da gemacht?«, will ich wissen.

»Ach dem einen ging es nicht so gut, ihm saß im wahrsten Sinne des Wortes noch ein Schreck von heute Morgen in den Knochen bzw. im Körper. Ich habe ihm geholfen, die schwere Energie schnell wieder loszuwerden. Und der Kleine ist noch im Wachstum, da hat er von mir ein paar zusätzliche unterstützende Energien bekommen.«

Ich bin verblüfft, was alles möglich ist und was in unserer Welt geschieht, von dem wir Menschen alle keine Ahnung haben.

Niamh erklärt mir:
»Je mehr die Tiere in die Natur eingebunden sind, also besonders die Wildtiere, desto mehr überschneiden

sich die Welten, und da kümmern wir Naturwesen uns eben auch um die Tiere.«

»Können die Tiere euch sehen?«

»Ja, die meisten können das, manche sehen uns, andere erspüren uns eher und fühlen, dass wir da sind. Und sie erfreuen sich an den wohltuenden Energien, die wir mit ihnen teilen.«

»Wie ist das mit unseren Haustieren, unsere Hunde und Katzen zum Beispiel, kümmert ihr euch auch um sie? Und sehen sie euch ebenfalls?«

»Ja, auch hier können die meisten uns sehen, manche haben viel Spaß mit uns und tollen mit uns herum, manche ignorieren uns lieber, es kommt immer auf den Charakter des Tieres an. Die Tiere, die eher verspielt sind, haben allerdings eine riesige Freude an den leuchtenden und bunten Energien, die wir verströmen.«

Mir fallen dabei Situationen ein, in denen ich ein ums andere Mal beobachten konnte, dass ein Tier etwas, für das menschliche Auge Unsichtbares, jagen und zu fangen versuchte. Jetzt wird mir so einiges klar.

»Natürlich können das auch andere Wesen sein, wie zum Beispiel Engel. Auf jeden Fall reagieren sie auf uns feinstoffliche Wesen, und auch ihr hättet eure helle Freude daran, wenn ihr uns gemeinsam beobachten könntet!«, zwinkert mir Niamh zu.

Das kann ich mir bildlich vorstellen.
»Das glaube ich dir sofort, wie schade, dass wir es nicht sehen können«, seufze ich.

»Eines Tages wird das wieder möglich sein, da bin ich sicher. Wenn ihr eure feinstofflichen Sinne erweckt und sie entwickelt, werden sich euch viele weitere Welten eröffnen.«

Ein schöner Gedanke, finde ich und gähne herzhaft.

Schöpfung im Kreis des Lebens

Willowy schaut mich aufmerksam an und nimmt mich und Loxy dann an die Hand.
»Bei all den vielen neuen Eindrücken wirst du langsam müde, Shayana, die starken Energien unserer Welt zu verarbeiten, kostet dich viel Kraft. Daher machen wir uns jetzt lieber auf den Weg, eine allerletzte Station auf deiner heutigen Reise möchte nämlich noch besucht werden.«

Mit diesen Worten zieht sie mich und Loxy mit sich, und wir schweben wieder in die Lüfte. Niamh folgt direkt hinter uns.

Ich bin froh, dass Willowy mich an der Hand hält. Ich habe das Gefühl, dass sie mich mehr zieht, als dass ich selbst fliege, meine Kräfte lassen wirklich etwas nach!

Nach relativ kurzer Zeit, die wir durch einen nahe gelegenen Wald geflogen sind, gelangen wir zu einer wunderschönen Lichtung. Eine große runde Lichtkugel schwebt dort über dem Erdboden, sie pulsiert und strahlt in verschiedenen Grün- und Blautönen, allerdings kann ich auch einige andere Farben darin entdecken. Es ist ein ständiger Wechsel der Farben. Aus ihrem Inneren strahlt und funkelt es, und durch ihre Mitte fließt ganz tief in die Erde hinab und auch in den Himmel hinauf ein weiterer Energiestrom, der grün und golden schimmert. Das Ganze wirkt wie ein großer Strom, den ich mit einer enorm kraftvollen und vitalen Energie in Verbindung bringe.

Willowy nickt mir zu:
»Ja, du liegst richtig, dies hier ist der Lebensstrom, von dem ich dir schon erzählt habe. Hier kannst du sehen, wie Elfen geboren werden und wieder in den Strom des Lebens zurückkehren.«

Oh, welche Freude! Wir bleiben in der Luft vor dem Energiekreislauf stehen und schauen alle gebannt hinein.

Erst jetzt aus der Nähe kann ich erkennen, dass das, was ich bisher einfach nur als »Gefunkel« wahrnahm, kleine Wesen sind, die aus dem Energieball »ausgespuckt« werden. Gleichzeitig begeben sich andere Wesenheiten in die Kugel hinein. Es ist ein stetes Kommen und Gehen, ein fließender Übergang von purem Leben.

Die zurückkehrenden Naturwesen werden von Freunden begleitet, die sie mit einer Verbeugung verabschieden. Alle Wesen umgibt eine Aura von unglaublich viel Liebe, niemand trauert – es kommt mir eher so vor, als ob hier ein heiliger Moment geschieht.

»Komm, wir dürfen auch noch etwas näher heran«, sagt Willowy, und je näher wir kommen, desto mehr kann ich verstehen, wie Entstehung und Auflösung hier wirklich geschehen.

Was ich hier zu sehen bekomme, ist so zauberhaft. Loxy ist auch ganz fasziniert, sie hält einen meiner Arme fest umklammert und kuschelt sich dabei an mich. Gemeinsam beobachten wir, wie sich die Naturwesen, die heimkehren, in die Energie der Lebensstromkugel begeben und ihr Gesicht dabei einen vollkommen friedlichen Ausdruck annimmt. In der Kugel angekommen, gelangen sie in einen inneren Lichtstrom, in dem sie sich langsam zu drehen beginnen und nach oben gezogen werden. Dabei sehe ich einen Lichtschimmer, ein Funkeln und Sprühen von Energie, der sich während des Drehens von den Naturwesen löst. Es scheint, als ob sich hier die Erfahrungen, die das Wesen während seines Erdendaseins gemacht hat, vom Körper lösen und als eigenständige Energie hinunter in Mutter Erde fließen. Der Körper steigt spiralförmig in die Höhe und löst sich dabei auf, bis nur noch ein Lichtwesen zu sehen ist, das weiter nach oben strebt, sich dabei immer weiter ausdehnt und irgendwann aus unserem Blickfeld verschwindet.

»Das war ihre Seele«, erklärt mir Willowy sichtlich gerührt. »Schau genau hin, von der anderen Seite kommt wieder eine Seele, die sich nun als Elfe inkarniert!«

Ich folge ihrem Blick und sehe tatsächlich mehrere Lichtfunken von oben herabschweben. Ich konzentriere mich auf einen und sehe, wie sich das Licht immer weiter verdichtet, je weiter er nach unten schwebt. Er dreht sich um seine eigene Achse, während er herabsteigt. Ich kann auf einmal beobachten, wie sich aus dem Licht ein kleiner Körper bildet. Aus einem Rumpf wachsen Arme und Beine und ein Kopf. Dann geht es an die Einzelheiten, alles bildet sich vor unseren Augen, es ist pure Magie! Hier wird ein Wesen in unserer Gegenwart erschaffen! Und es ist unbeschreiblich schön!

Es sieht nach einem weiblichen Wesen aus, denn ihm wachsen lange Haare, und ihre Rundungen erscheinen mir durchaus weiblich, trotzdem hat es noch ein sehr kindliches Aussehen. Nun beobachten wir, wie diesem Wesen kleine filigrane, fast durchsichtige Flügelchen wachsen, die an seinem Rücken zu kleben scheinen. Durch die feine Haut über seinem Brustkorb kann man ein kleines Herzchen stark und rhythmisch pochen sehen.

Nun reckt sich das Wesen und öffnet langsam die Augen. Es hat lange Wimpern und einen absolut unschuldigen und verträumten Blick. Nun sieht es sich staunend um. Wie von einem unsichtbaren Sog gezogen bewegt es sich in Richtung einer Öffnung, die hinaus in die Elfenwelt führt. Direkt davor, vor dem Energiestrom, sehe ich zwei andere Elfen, die wohl das Empfangskomitee bilden, denn sie lächeln der kleinen neugeborenen Elfe aufmunternd zu und öffnen ihre Arme.

Die Kleine lässt sich vertrauensvoll in Empfang nehmen. Eine der »Empfangselfen« hält sie liebevoll im Arm, während die andere hinter sie fliegt und ihre neuen Flügel entfaltet. Es dauert einen kurzen Augenblick dann flattern die Flügelchen munter vor sich hin, und der kleine Frischling schaut – vermutlich genauso überrascht wie ich vor Kurzem – auf seine Flügel. Die Elfen lassen sie nun los, und die Kleine schwebt erfreut zwischen ihnen in der Luft! Eine wischende Handbewegung, und der kleine Frischling hat plötzlich Kleidung an – wie praktisch. So nackt mag man ja auch gar nicht seine neue Welt erkunden!

Ich bin sehr gerührt von diesem unglaublichen Ort und dem Wunder des Lebens, dem ich gerade beiwohnen darf. Ich schau Willowy und Niamh mit einem glücklichen Lächeln an:
»Danke, dass ich das sehen durfte, das ist ja so ein wunderschöner, friedvoller und vor allem auch lichtvoller Ort, den man sich bei uns kaum vorstellen kann. Bei uns werden Geburt und Tod immer noch so unterschiedlich wahrgenommen, und besonders der Tod ist mit sehr viel Trauer und Schwere verbunden.«

Willowy nickt wissend:
»Ja, leider. Das kommt daher, dass viele Menschen immer noch denken, dass der Tod des Körpers das Ende ihrer Existenz bedeutet oder, wenn sie an ein ›Leben nach dem Tod‹ glauben, sie die Verbundenheit mit der Seele noch nicht richtig einschätzen können. Dabei sind Geburt und Tod doch nur zwei Seiten derselben Medaille. Es sind immer Übergänge von einer Erfahrungswelt in die andere, und jeder Übergang ist ein feierlicher, wundervoller Akt.

Bei der Geburt könnt ihr eine Seele im Körper eines neuen Menschen willkommen heißen und ihren Mut würdigen, sich diese Verkörperung ausgesucht zu haben.

Beim Tod ist es angemessen, das vergangene Leben zu feiern, all das Gelernte, die Erfahrungen, die Erlebnisse und Abenteuer, die man als Mensch gemacht hat, und sich an all die schönen gemeinsamen Momente zu erinnern und sich für die Seele zu freuen, dass sie nun wieder weitergehen kann. Natürlich vermisst ihr geliebte Menschen, wenn sie nicht mehr auf derselben Erfahrungsebene weilen wie ihr. Sobald ihr aber wisst und erlebt, dass eure Seelen – die sich manchmal schon über so eine lange Zeit kennen – in der Tiefe immer verbunden sind und ihr euch eines Tages wiedersehen werdet, könnt ihr dieses Wesen loslassen und einfach in Dankbarkeit und stiller Freude verweilen.«

Ich nicke zustimmend und umarme Willowy sanft.

Niamh berührt mich leicht an der Schulter, und ich drehe mich zu ihm um.
»Ich darf mich jetzt von euch verabschieden. Danke, dass ich euch ein wenig begleiten durfte. Ich spüre jetzt aber wieder den Ruf der Tiere, meine Hilfe wird gebraucht.«

Er umarmt mich, wir winken uns zum Abschied zu, und einen kurzen Augenblick später ist er auch schon weg.
Ich schaue zu Willowy:

»Und was machen wir jetzt?«

»Wir fliegen wieder dorthin zurück, wo wir uns zu Anfang begegneten, und dann musst du uns schon bald wieder verlassen.«

Ich bin schon etwas wehmütig, es gibt hier bestimmt noch unglaublich viel zu erkunden, aber ich fühle mich ziemlich erschöpft und fliege daher Willowy und Loxy einfach hinterher. An das Fliegen könnte man sich wirklich gewöhnen!

Während unseres Rückflugs kann ich verschiedene Tiere, wie Schmetterlinge, Mäuse und sogar einen Fuchs, beobachten. Wie wundervoll die Natur mit all ihren Lebewesen doch ist!

Neben einer Reihe von Bäumen sehe ich so etwas wie eine Elfenschule, eine erwachsene Elfe, die einigen Frischlingen Wissenswertes über die Pflanzen erklärt.

Wir landen kurze Zeit später bei einem wunderschönen Rosenbusch. Die Rosen haben eine wunderbare, satte Farbe, die ich als Magenta kenne.

Wie treten wir am leichtesten mit Naturwesen in Kontakt?

Wir setzen uns alle drei im Schneidersitz auf eine Blüte, und ich möchte nun doch noch ein paar Dinge wissen: »Kannst du mir sagen, wie wir Menschen mit euch Elfen und Feen am besten in Kontakt treten können? Wie machen wir das im Normalfall, und ist das überhaupt so vorgesehen?«

»Ihr Lieben, wie schon erwähnt, ist es wichtig, dass ihr eure Herzen offen haltet und euch erst einmal bewusst werdet, dass wir nicht aus euren Märchen entsprungen sind, sondern diese viel eher im Anschluss an Erlebnisse mit uns entstanden sind. Wir sind, wie die Engel auch, oft um euch herum. Wenn ihr ganz ehrlich mit euch selbst seid, habt ihr uns auch schon ab und zu wahrgenommen. Ob nun als innere Stimmen, Lichtblitze aus den Augenwinkeln oder ein Gefühl, das ihr euch eigentlich nicht erklären konntet. Doch ihr habt es zu schnell als Produkt eurer Fantasie abgetan – ihr habt ja mit euren Augen nichts gesehen, also konnte es auch nicht sein. Aber ein bisschen unsicher wart ihr schon, nicht wahr? Was, wenn da doch etwas oder jemand gewesen wäre?

Ihr macht euch viel zu viele Gedanken. Spielt doch einfach mal mit eurer Realität. Stellt euch vor, dass wir wirklich da sind, nehmt es als gegeben hin. Am Anfang werdet ihr vielleicht damit beginnen, es euch ›einzubilden‹, was im Übrigen nichts anderes ist, als eure Vorstellungskraft auszudehnen – ihr spielt dann mit inneren Bildern. Wenn ihr Pflanzen zu Hause habt, sind einige von uns bei euch. Wenn ihr euch in die Natur begebt, sind wir ebenfalls da.

Traut euch einfach, mit uns zu sprechen, stellt uns auch ruhig Fragen, wenn ihr mögt. Lasst aber dabei eure Erwartungen los. Es erfordert zudem etwas Übung, und nicht alle Naturwesen antworten sofort. Einige möchten euch erst einmal kennenlernen. Wenn ihr euch z. B. in einem Wald oder in einem Park befindet, dann kommt öfter an diesen Platz, sodass sie sich an euch gewöhnen und spüren können, dass ihr es ernst damit meint, euch mit ihnen auszutauschen. Es kann gut sein, dass eure Gabe nicht hellsehend, sondern hellfühlend oder hellhörend ist. Dann werdet ihr uns zwar nicht sehen, aber mit der Zeit fühlen und in eurem Inneren hören können.

Je mehr ihr die Natur und unsere Welt anerkennt und wertschätzt, desto eher wird es einen Kontakt geben. Kümmert euch um die Natur in eurer unmittelbaren Umgebung, sammelt im Wald oder im Park Müll auf, wenn er euch auffällt. Es gibt leider noch zu viele unachtsame Menschen, die die Natur für eine Mülldeponie halten. Das verschmutzt unglücklicherweise auch die Energien in die Natur. Lasst das Licht eurer Herzen in der Natur strahlen, es wird in vielfacher Weise zu euch zurückkehren. Behandelt die Natur mit Respekt, und reißt nicht einfach Blumen aus oder Blätter ab. Ich weiß, die meisten von euch tun dies nicht, doch ihr könnt dies eure Kinder und andere Menschen lehren. Wenn ihr etwas von den Geschenken der Natur nehmen möchtet, bittet darum, und vor allem bedankt euch dafür. Lasst eure Wertschätzung für dieses Geschenk dann zurück in die Erde fließen.

Wenn ihr zu Hause Blumen und Pflanzen habt, freuen wir uns auch immer sehr, wenn ihr uns einen kleinen besonderen ›Elfenplatz‹ einrichtet. Dieser Platz kann zum Beispiel gleich neben euren Pflanzen sein, ein Ort, den ihr extra für uns und unsere Energie reserviert. Mit einem schönen Edelstein vielleicht, es können auch kleine uns nachempfundene Figuren dabei sein. Außerdem finden wir auch kleine Möbel aus euren, hm … Moment, wie nennt ihr das, ach ja, Puppenhäusern, immer sehr lustig, ein kleiner Schaukelstuhl ist bei uns sehr beliebt. Aber auch kleine selbst gebastelte Möbel finden wir ganz entzückend, denn darin ist eure eigene Energie enthalten. Lasst einfach eurer Fantasie freien Lauf, bei besonders verrückten Ideen, könnt ihr euch sicher sein, dass sie uns äußerst willkommen sind. Kleine Geschenke lieben wir auch sehr, das kann etwas aus der Natur sein, oder auch eine Süßigkeit, wie ein Stück eines selbst gebackenen Kuchens, ein kleiner Keks oder auch Schokolade. Lasst diese dann bitte – ausgepackt – ein paar

Tage an unserem Platz liegen, wir können die Energie aus diesen Dingen absorbieren und erfreuen uns daran. Geht dabei nach eurem Gefühl, wenn ihr innerlich spürt, der Gegenstand ist jetzt ›leer‹, dann könnt ihr ihn entsorgen.

Das alles sind aber nur kleine Ideen, es gibt noch viele andere Möglichkeiten, wie eine Kontaktaufnahme zwischen uns geschehen kann. Achtet auf eure Träume und die Zeit zwischen Einschlafen und Aufwachen, wir versuchen, euch immer dann zu erreichen, wenn die Schleier zwischen unseren Welten dünn sind.

Seid offen für ungewöhnliche Erlebnisse, wir lieben es zu spielen, und unsere gegenseitige Kommunikation soll allen Spaß machen und leicht und voller Freude sein.«

»Das ergeht mir ja mit euch im Alltag nicht anders«, schmunzle und erinnere ich mich.

Für mich ist es normal, dass ich mich am Tag immer mal wieder mit den Elfen bei uns zu Hause unterhalte. Ich gehöre zu den eher hellhörenden und -fühlenden Menschen. Dann nehme ich in meinem Inneren auf einmal wahr, dass mir jemand etwas zuruft oder etwas Bestimmtes möchte. Manchmal sind durchaus freche Antworten auf innere Fragen zu hören. Frech, aber trotzdem liebevoll ☺. Dabei ist die Energie der Elfen und Feen eine ganz andere als beispielsweise die von

Engeln. Sie ist, wenn man das so sagen möchte, feiner, leichter und noch zauberhafter.

Oder, was bei »unseren Hauselfen« auch sehr beliebt ist, ist, wenn wir mitreißende Musik laufen lassen, besonders keltische Songs eignen sich hierfür sehr gut. Dann passiert es nicht selten, dass sie sich bei uns versammeln und erst einmal eine kesse und äußerst wilde Sohle aufs Parkett legen. Woher ich das so genau weiß? Ich habe solche Bilder dann vor meinem inneren Auge, und sie erscheinen so plötzlich, während ich eigentlich auf etwas ganz anderes konzentriert bin, dass ich spüre, dass sie nicht nur meiner Fantasie entspringen können.

Kaum läuft dann ein anderer Song, der ihnen so gar nicht zusagt, sind sie ganz schnell wieder weg. Ich muss sehr lachen, während ich darüber nachdenke. Und ich kann tatsächlich nur sagen, egal, was andere von euch halten, vertraut eurer eigenen Wahrnehmung, auch wenn es manchmal noch so verrückt erscheinen mag.

»Können andere Menschen auch durch das Elfenportal zu euch kommen, wie ich es heute getan habe, um hier direkt zu landen?«

»Auch das ist möglich«, antwortet Willowy, während Loxy hinter mir sitzt und mir kleine Blümchen ins Haar flicht.

»Wenn jemand darin geübt ist, sich mit seinem Lichtkörper auf Reisen zu begeben, dann kann er uns gerne auch so hier besuchen.

Er kann dann in die Stille, in die Meditation gehen und den Ort aufsuchen, der sich für ihn am passendsten anfühlt. Bei dir und manch anderem ist das der sogenannte Herzraum, der ganz unterschiedlich aussehen kann. Er ist aber immer ein geschützter Raum, der von euren Engeln begleitet und gehütet wird. Dort gibt es unterschiedliche Tore in verschiedene Welten und Dimensionen, so hast du es ja zum Beispiel auch in deinem Buch mit den Drachen erzählt.**

Bittet in diesem geschützten Raum darum, dass sich euch das Tor zu den Naturwesen, zur Elfenwelt zeigen möge. Schickt bereits im Vorfeld eine Bitte hinaus in die Natur, dass ihr uns gerne besuchen möchtet. Wenn es angemessen ist, wird euch das Tor erscheinen, und ihr werdet eine Einladung hindurch erhalten. Bitte seid auch hier nicht festgelegt auf ein bestimmtes Erlebnis. Wenn ihr zu uns kommt, kann eure Reise unter Umständen ganz anders aussehen, als die, die wir hier gerade gemeinsam erlebt haben. Vielleicht kommt ihr einfach mit eurem normalen Lichtkörper ohne Elfengestalt zu uns, es muss auch nicht immer über die Rutsche geschehen, die du genutzt hast. Seid einer Sache gewiss: Alles wird

** Gaby Shayana Hoffmann: »Das kleine feine Buch der Drachen«, Schirner Verlag (2014).

so geschehen, wie es für alle Beteiligten in diesem Moment das Beste ist. Kommt einfach mit weit geöffneten Herzen und in liebevoller Absicht, und die Tore werden sich zur passenden Zeit für euch öffnen.
Wir freuen uns darauf, weitere liebevolle und offene Menschen kennenzulernen und in eine neue Form der Kommunikation mit euch zu treten.«

»Oh, wie wunderbar, liebe Willowy, ich hoffe sehr, dass sich viele bereichernde Begegnungen zwischen den beiden Welten ergeben werden. Dass immer mehr Menschen ein Interesse daran entwickeln, welche Welten es noch neben ihrer gewohnten Realität gibt.«

Willowy nickt freudig mit dem Kopf:
»Ja, es gibt noch so viel zu entdecken, für jeden von uns.«

Loxy scheint mit meiner Blumenfrisur fertig zu sein, denn sie linst mich mit einem frechen Grinsen von der Seite an. Ich befühle meine Haare und spüre überall kleine Blümchen darin, es sieht bestimmt toll aus. Ich bedanke mich bei ihr, und sie scheint sich riesig darüber zu freuen. Sie hüpft schon wieder auf einer benachbarten Blüte herum, als ob diese ein Trampolin sei.

Zeit, nach Hause zu gehen

Willowy hebt mit einer Hand mein Kinn ein wenig an und schaut prüfend und ein wenig besorgt in mein Gesicht. »Liebes, wie ich bemerke, fallen dir fast die Augen zu, es ist jetzt wirklich genug für heute, du musst nun leider wieder nach Hause!«

Bedauerlicherweise hat sie vollkommen recht, ich kann mich nun kaum noch aufrecht halten.

»Das muss nicht dein letzter Besuch gewesen sein, du bist bei uns jederzeit herzlich wilkommen.« Das beruhigt mich, ich möchte so gerne wiederkommen.

»Ja, bitte, das ist ein großer Wunsch von mir, ich möchte euch sehr gerne wiedersehen«, erwidere ich mit Nachdruck.
»Aber wie komme ich denn jetzt wieder zurück in meinen physischen Körper? Ich kann ja wohl kaum die Rutsche hochklettern, oder?«

Loxy kichert, und Willowy erklärt mir:
»Nein, das geht in der Tat nicht, du wirst mittels der Kraft der Natur wieder nach Hause kommen. Schau mal hier, die große Rosenblüte neben uns«, sie nimmt mich ein letztes Mal bei der Hand, und wir fliegen kurz zu einer großen, wunderschönen hellrosafarbenen Rosenblüte.

Willowy drückt mir einen Kuss auf die Stirn und verabschiedet sich:
»Lege dich einfach in die Mitte der Blüte, kuschle dich hinein, und falle langsam in deinen wohlverdienten Schlummer. Wenn du aufwachst, wirst du wieder zu Hause sein. Es war sehr schön, dass du hier warst, komm bald wieder, wir freuen uns auf dich!«

»Danke, du wunderbares Wesen«, murmle ich und schaue ihr dabei dankbar in die funkelnden Elfenaugen. Dann hilft sie mir, mich in die Blüte hineinzulegen.

Oh, wie weich das ist, und es duftet absolut himmlisch. Während ich mich in die Rosenblätter bette, kommt plötzlich Loxy herbeigeflogen. Stimmt, ich hatte mich ja noch gar nicht von ihr verabschiedet. Dabei fällt mir auf, dass wir den ganzen Tag kein einziges Wort miteinander gewechselt haben. Ob sie noch nicht sprechen kann oder es vielleicht einfach nicht durfte? Sie muss meinen rätselnden Gesichtsausdruck richtig gedeutet haben, denn sie lächelt mich an, streicht mir noch einmal liebevoll über meine Hand und legt ihren Zeigefinger auf ihren Mund. Dann schaut sie kurz zu Willowy zurück, die schon auf sie wartet. Sie kichert, drückt mir einen ganz leichten, süßen und kitzelnden Kuss auf die Wange und flüstert:
»Bis bald, ich hab dich lieb.«

Dabei glitzern ihre Augen, und ich kann nur noch »oh« zurückflüstern, während ich merke, dass mir Tränen in die Augen schießen. Sie wirft mir Kusshände zu und fliegt davon.

Dann schließt sich die Blüte über mir. Ich werde wie in einen Kokon eingepackt. Ich kuschle mich enger in die Rosenblätter, die wie das wunderbarste, wohlriechendste Bett anmuten, und schließe meine Augen. Ich bin so müde und schlafe sofort ein.

Eine Weile später komme ich in meinem physischen Körper wieder zu mir, recke und strecke mich und gähne erst einmal herzhaft. Ich reibe mir die Augen, und als ich mir durch die Haare fahre, fallen auf einmal ein paar kleine rosafarbene Blüten aus ihnen heraus. ›Was ist das denn?‹, frage ich mich noch, als ich ein mir wohlbekanntes Kichern vernehme …

Nachwort

Wie kann man von der Welt der Naturwesen nicht verzaubert sein? Ich bin es immer wieder von Neuem, egal, was ich in all den Jahren schon erlebt habe. Und auch für mich gibt es noch vieles zu entdecken.

Ich kann nur jeden ermutigen, sich der Welten um uns herum bewusst zu werden, sein Herz für sie zu öffnen und sich auf die Reise zu machen, sie zu erkunden. Eines Tages werden unsere Welt und die der feinstofflichen Bereiche wieder vereint sein, und eine einfachere Kommunikation untereinander wird möglich sein.

Solange sind wir alle aufgerufen, unsere – in jedem von uns angelegten – feinstofflichen Sinne und Fähigkeiten weiterzuentwickeln und voller Freude neue Erfahrungen zu machen.

Wir sind in der Tat niemals alleine, denn auf diesem einzigartigen Planeten, unserer Mutter Erde, ist das Leben allgegenwärtig. Wir müssen nur genau hinschauen und all die Freunde und Wesen wiederentdecken, die in der Natur, und natürlich auch in der Tierwelt, darauf warten, dass wir endlich wieder mit dem Herzen sehen. Es liegt ein Zauber über allem, der nur mit dem Herzen gesehen werden kann.

In diesem Buch wurden uns ein paar Hinweise und Übungen an die Hand gegeben, unseren Alltag gesünder, entspannter und reicher zu gestalten.

Probiere auch du es aus, du hast bereits alles in dir, was du dafür benötigst.

Ich wünsche dir bezaubernde Begegnungen und Erlebnisse mit der Natur und ihren faszinierenden Wesen.

In Liebe

Shayana

Danksagung

Es ist mir eine große Freude, dass meine kleinen feinen Bücher in die Welt hinausgetragen werden, und ich bin sehr dankbar, dass mein Verlag mir die Möglichkeit gibt, dies in dieser wunderbaren Art und Weise zu tun. Danke, liebe Heidi und lieber Markus Schirner und all den Mitarbeitern vom Schirner Verlag, die uns Autoren in allem unterstützen.

Ich danke meinem Mann, der mich zum Glück nicht für verrückt hält, wenn ich wieder mal mit den Elfen rede, sondern selbst seinen Spaß daran hat und den Weg mit mir gemeinsam geht. Ich danke meinen liebsten Freunden, wundervollen Menschen, die mich schon lange begleiten und auch herausfordernde Zeiten mit mir durchlebt haben, danke, dass es euch in meinem Leben gibt!
Dankbarkeit durchströmt mich, wenn ich an all die interessierten und offenen Leser denke, die mich auf diesen Reisen begleiten (also DICH!), die ich mit meinen Zeilen berühren darf und die ich ermuntern möchte, ihren Wahrnehmungen zu vertrauen und an sich und ihre Fähigkeiten zu glauben.

Ein besonders liebevoller Dank geht natürlich auch an Willowy, Thomri, Niahm und die süße Loxy, danke, dass ihr mir eure Welt gezeigt habt, ich hoffe, dass ich euch bald wieder einmal besuchen darf.

Bildnachweis

Alle Bilder in diesem Buch sind Kunstwerke von Gaby Shayana Hoffmann, die teilweise auch im Kartenset »Himmlische Lichtbegleiter« erschienen sind.
Die meisten Bilder sind über die Künstler-Webseite – www.dolphins-dreamdesign.de – erhältlich.

S. 7 »Fairy Melody – Entfalte dich«
S. 13 »Fairy Willowy – Mitgefühl«
S. 19 »Fairy Loxy – Neugierig sein«
S. 24 »Fairy Willowy – Auf ins Abenteuer«
S. 32 »Lebensstrom der Pflanzen«
S. 41 »Die Energie der Bäume«
S. 60 »Vitalisiere deine Nahrung«
S. 67 »Niamh – Unterstützung für die Tierwelt«
S. 76 »Elfen-Lebensstrom«
S. 83 »Fairy Cassiopia – Wahrnehmung«
S. 90 »Fairy Gwyn – Dein Atem«

Über die Autorin

Gaby Shayana Hoffmann wurde 1968 in Zürich (Schweiz) geboren und lebt seit 1999 in Deutschland. Nach einer beruflichen Laufbahn im kaufmännischen Bereich hat sie seit 2002 ihre Berufung u.a. in der Erschaffung spiritueller Kunstwerke gefunden, die unter dem Namen »Dolphins DreamDesign« bereits weltweit bekannt und beliebt sind.

Ihre lichtvollen Mandalas, Lichtwesen- und Energiebilder sowie deren Botschaften sind herzöffnend und berühren tief in der Seele.

Mit ihren Kunstwerken, Kartensets und Büchern inspiriert sie den Betrachter und Leser zu einem glücklichen und befreiten Leben und erinnert ihn in vielen unterschiedlichen Facetten daran, welch wunderbares und einzigartiges Wesen er selbst ist und dass jeder Mensch von Liebe und von Wundern umgeben ist.

Mehr von der Autorin und Künstlerin unter:
www.dolphins-dreamdesign.de

Ebenfalls von der Autorin erschienen im Schirner Verlag

Das kleine feine Buch der Engel
96 Seiten
ISBN 978-3-8434-5089-8

Das kleine feine Buch der Drachen
96 Seiten
ISBN 978-3-8434-5097-3

Das kleine feine Buch der Einhörner
96 Seiten
ISBN 978-3-8434-5120-8

Das kleine feine Buch der Delfine
96 Seiten
ISBN 978-3-8434-5118-5

Innovativ, alltagsnah und mit viel Humor bringt Gaby Shayana Hoffmann dem Leser in ihrer »Kleinen feinen Reihe« die Welt der Himmlischen Lichtbegleiter nahe. Die Büchlein schenken wahre Glücksmomente und zahlreiche Übungen zur Verbindung mit der besonderen Kraft des jeweiligen Lichtwesens!